全国工会干部培训基础教材

工会法律工作概论

全国工会干部培训基础教材编写委员会◎编

中国工人出版社

图书在版编目（CIP）数据

工会法律工作概论 / 全国工会干部培训基础教材编写委员会编．—
北京：中国工人出版社，2023.3
ISBN 978-7-5008-8100-1

Ⅰ．①工…　Ⅱ．①全…　Ⅲ．①工会法－中国－干部培训－
教材　Ⅳ．①D922.56

中国国家版本馆 CIP 数据核字（2023）第 025710 号

工会法律工作概论

出 版 人	董　宽
责任编辑	赵晨羽
责任校对	赵贵芬
责任印制	栾征宇
出版发行	中国工人出版社
地　　址	北京市东城区鼓楼外大街45号　邮编：100120
网　　址	http://www.wp-china.com
电　　话	（010）62005043（总编室） （010）62005039（印制管理中心） （010）62382916（工会与劳动关系分社）
发行热线	（010）82029051　62383056
经　　销	各地书店
印　　刷	北京市密东印刷有限公司
开　　本	660毫米×960毫米　1/16
印　　张	12
字　　数	150千字
版　　次	2023年3月第1版　2024年6月第4次印刷
定　　价	30.00元

全国工会干部培训基础教材
编写委员会

团结动员亿万职工
为全面建设社会主义现代化国家
贡献力量（代序）

王东明

党的二十大是在全党全国各族人民迈上全面建设社会主义现代化国家新征程、向第二个百年奋斗目标进军的关键时刻召开的一次十分重要的大会，是一次高举旗帜、凝聚力量、团结奋进的大会，为新时代新征程党和国家事业发展、实现第二个百年奋斗目标指明了前进方向、确立了行动指南。必须深刻领会大会精神实质、把握核心要义、明确奋斗目标，在全面学习、全面把握、全面落实上下功夫，团结动员亿万职工在新征程上踔厉奋发、勇毅前行，为实现第二个百年奋斗目标贡献智慧和力量。

深刻领悟“两个确立”的决定性意义，把“两个维护”落实到工会工作各方面全过程

党的二十大在政治上、理论上、实践上取得了一系列重大成果。习近平同志在党的二十届一中全会上继续当选中共中央总书记，充分反映了全党全军全国各族人民的共同心愿和习近平总书记的崇高威望，充分展示了全党全国上下在以习近平同志为核心的党中央团结带领下战胜前进道路上一切风险挑战、开创美好未来的坚定信心和决心，是全党上下拥护“两个确立”、做到“两个维护”的生动实践和真实体现。

党的十八大以来，党和国家面临的形势之复杂、斗争之严峻、改革发展稳定任务之艰巨世所罕见、史所罕见，习近平总书记以高超的政治智慧、强烈的历史担当、卓越的领导能力和“我将无我，不负人民”的崇高境界，带领全党全军全国各族人民攻坚克难、砥砺前行，推动党和国家事业取得历史性成就、发生历史性变革。实践充分证明，新时代十年的伟大变革，根本在于有习近平总书记作为党中央的核心、全党的核心领航掌舵，在于习近平新时代中国特色社会主义思想的科学指引。“两个确立”是党在新时代取得的重大政治成果，是推动党和国家事业取得历史性成就、发生历史性变革的决定性因素。

习近平总书记高度重视工人阶级和工会工作，对工会坚持党的领导提出明确要求，强调工会工作做得好不好、有没有取得明显成效，关键看有没有坚持正确政治方向；坚持正确政治方向，一言以蔽之，就是要坚持中国共产党领导和社会主义制度；只有坚持党的领导，工会工作才能方向明确、不走偏路，才能做得有声有色、扎实有效；在坚持党的领导这个根本问题上，工会必须旗帜鲜明、立场坚定。回顾百年来党领导的现代工人运动史，我国工会坚定不移在党的领导下开展工作，与历史同步伐、与时代共命运，为党和国家事业发展作出了重要贡献。

党的十八大以来，全总和各级工会始终把坚持党的领导作为工会工作的最高政治原则和根本保证，把深入学习贯彻习近平新时代中国特色社会主义思想作为首要政治任务，健全学习新时代党的创新理论的制度性安排，准确把握其基本观点、核心要义、科学体系、根本要求；完善党组（党委）会议“第一议题”制度，第一时间传达学习、第一时间狠抓落实习近平总书记重要指示批示、党中央重大决策部署；完善向党中央请示报告重大事项制度，探索与省级党委协调推进工会工作的机制，完善全总定期听取省级工会工作报告和意见建议制度；以党的政治建设为统领加强党的各项建设，全面推进工会系统从严治党，营造风清气正的良好政治生态。党的十八大以来工会工作取得重要进展和新成效，根本在于始终坚持党对工会的领导，在于始终坚持以习近平新时代中国特色社会主义思想为指导。

当前，世界百年未有之大变局加速演进，新一轮科技革命和产业变革深入发展，国际力量对比深刻调整，我国发展进入战略机遇和风险挑战并存、不确定难预料因素增多的时期。面对严峻复杂的形势，最重要的就是要始终坚持“两个确立”，坚决做到“两个维护”，这是党在新时代十年伟大变革中积累的宝贵经验，是党和国家的前途命运所系、全国各族人民的根本利益所在，是党团结带领全国各族人民全面建设社会主义现代化国家、夺取新的伟大胜利的根本政治保证。新征程上，各级工会组织和广大工会干部必须深刻领悟“两个确立”的决定性意义，进一步增强“四个意识”、坚定“四个自信”、做到“两个维护”，坚定不移在思想上政治上行动上同以习近平同志为核心的党中央保持高度一致。坚持不懈强化理论武装，深刻把握习近平新时代中国特色社会主义思想的世界观和方法论，坚持运用贯穿其中的立场观点方法，切实用以指导实践、推动工作、破解难题。自觉同习近平总书记重要指示批示精神、重要论述、党中央决策部署要求对标对表，真正把拥护“两个确立”、做到“两个维护”体现在行动上，落实到工作中。面向基层和一线职工，广泛开展多种形式的宣传宣讲，推动“两个确立”更加深入人心、“两个维护”成为广大工会干部和职工群众的自觉行动。

引领职工听党话、跟党走，汇聚起亿万职工团结奋斗的磅礴力量

党的二十大立足新时代新征程的历史方位，深刻分析我国发展面临的形势和挑战，对全面建成社会主义现代化强国两步走战略安排进行了宏观展望，重点部署了未来5年的战略任务和重大举措，发出了为全面建设社会主义现代化国家、全面推进中华民族伟大复兴而团结奋斗的伟大号召。

习近平总书记强调，党和人民取得的一切成就都是团结奋斗的结果，团结奋斗是中国共产党和中国人民最显著的精神标识。团结才能胜利，奋斗才会成功。新时代十年，我们以奋发有为的精神把新时代中国特色社会主义推向前进，创造了一个个令人刮目相看的人间奇迹，靠的就是全党全国各族人民万众一心、勇往直前、团结奋斗。汇聚起亿万人民团结奋斗的磅礴伟力，离不开扎实有效的思想政治引领。通过卓有成效的思想政治引领，把亿万职工思想统一起来、共识凝聚起来、力量激发出来，工会重任在肩、使命在肩。

党的十八大以来，全总和各级工会认真履行引导职工群众听党话、跟党走的政治责任，把学习贯彻习近平新时代中国特色社会主义思想作为加强思想政治引领的第一位任务，通过理论宣讲、劳模宣讲、演讲比赛、知识竞赛等方式，把“大学习”的课堂搬到工厂车间、生产一线，推动习近平新时代中国特色社会主义思想进企业、进车间、进班组。加强对习近平总书记关于工人阶级和工会工作的重要论述的学习贯彻和研究阐释，推动重要论述在工会系统和广大职工中落地生根。深入开展“永远跟党走、奋进新征程”、“喜迎二十大、建功新时代”等系列宣传教育活动，培育和践行社会主义核心价值观，“中国梦·劳动美”的价值引领深入基层、扎根职工。大力弘扬劳模精神、劳动精神、工匠精神，组织劳模、工匠人才进校园、进企业，发布全国“最美职工”、“大国工匠年度人物”，努力营造劳动光荣的社会风尚和精益求精的敬业风气。加强重点领域重点群体职工思想政治工作，创新工作方式方法，强化网上思想引领，推动思想政治工作传统优势与信息技术深度融合，加强对职工的人文关怀和心理疏导，建设健康文明、昂扬向上、全员参与的职工文化。

全面建设社会主义现代化国家，是一项伟大而艰巨的事业，前途光明，任重道远，更加需要坚定信念、鼓舞斗志，更加需要同心同德、团结奋斗。新征程上，工会必须牢记“三个务必”，牢牢把握团结奋斗的时代要求，把巩固团结奋斗的共同思想基础作为思想政治引领的重要内容，不断创新职工思想政治工作，引导广大职工坚定中国特色社会主义道路自信、理论自信、制度自信、文化自信，不断增强对中国共产党领导和中国特色社会主义制度的政治认同、思想认同、情感认同，自觉把人生理想、家庭幸福融入国家富强、民族复兴的伟业之中，更加紧密地团结在以习近平同志为核心的党中央周围，坚定不移听党话、矢志不渝跟党走，为实现党的二十大确定的目标任务团结奋斗。

贯彻党的全心全意依靠工人阶级方针，组织动员亿万职工在新征程上建功立业

党的二十大报告指出，从现在起，中国共产党的中心任务就是团结带领全国各族人民全面建成社会主义现代化强国、实现第二个百年奋斗目标，以中国式现代化全面推进中华民族伟大复兴。这是站在历史和时代的高度，全面把握党和国家事业发展新要求、人民群众新期待，向全党全国各族人民发出的动员令。

习近平总书记强调，工人阶级是我国的领导阶级，是我国先进生产力和生产关系的代表，是我们党最坚实最可靠的阶级基础。我国工会是中国共产党领导的工人阶级群众组织，团结动员广大职工群众为实现党在不同历史时期确立的纲领、目标和中心任务而努力奋斗是工会的重要使命。新民主主义革命时期，工会按照党确立的符合当时形势的工运策略和活动方式，提高工人阶级的政治觉悟，动员工人群众开展各种形式的斗争，团结动员广大职工为实现民族独立、人民解放而奋斗；社会主义革命和建设时期，工会动员带领广大工人坚决响应党的号召，焕发国家主人翁精神，为建立和巩固人民当家作主的新政权、建立独立的比较完整的工业体系和国民经济体系而奋斗；改革开放和社会主义现代化建设新时期，工会坚持围绕中心、服务大局，团结动员广大职工为坚持和发展中国特色

社会主义而奋斗。

党的十八大以来，全总和各级工会围绕国家重大战略、重大工程、重大项目、重点产业，组织职工广泛深入持久开展多种形式的主题劳动和技能竞赛，开展“小发明、小创造、小革新、小设计、小建议”等群众性创新活动；加强劳模、工匠和职工学习阵地建设，示范带动创建各级各类创新工作室8万多家；成功举办首届大国工匠创新交流大会，习近平总书记向大会致贺信；推荐多名一线工人获得国家科技进步奖，职工创新创造活力显著提升。扎实推进产业工人队伍建设改革，成立推进产业工人队伍建设改革工作领导小组，产业工人思想引领、建功立业、素质提升、地位提高、队伍壮大等改革措施有效落实，改革取得重要阶段性成效，产业工人在推进高质量发展中的主力军作用更加突出。

党的二十大擘画了以中国式现代化推进中华民族伟大复兴的宏伟蓝图，把宏伟蓝图变成美好现实，根本上要靠包括工人阶级在内的全体人民的劳动、创造、奉献。新征程上，工会必须牢牢把握为实现中华民族伟大复兴的中国梦而奋斗的我国工人运动时代主题，充分发挥工人阶级主力军作用，团结动员亿万职工为推进中国式现代化建功立业。围绕建设教育强国、科技强国、人才强国，深化产业工人队伍建设改革，抓好抓实职工素质提升工作，加快构建产业工人技能形成体系，推动健全落实高技能人才培养、使用、评价、激励、保障机制，畅通技能人才流动渠道，努力建设一支宏大的知识型、技能型、创新型产业工人大军，为推进中国式现代化提供坚实人才和技能支撑。

坚持以人民为中心的发展思想，扎实做好工会维权服务工作

党的二十大报告通篇贯穿人民至上的根本立场和以人民为中心的发展思想，强调“江山就是人民，人民就是江山”，强调“为民造福是立党为公、执政为民的本质要求”，对“增进民生福祉，提高人民生活品质”作出安排部署，充分体现了以习近平同志为核心的党中央矢志不渝、坚守初心的政治本色和深厚为民情怀，体现了我国社会主义制度的本质和优越性，顺应了历史发展大势和人民群众期盼。

习近平总书记指出，我们党的根本宗旨就是为人民群众办好事，为人民群众幸福生活拼搏、奉献、服务；要想人民之所想，行人民之所嘱，不断把人民对美好生活的向往变为现实；工会要认真履行维护职工合法权益、竭诚服务职工群众的基本职责，把服务职工、维护职工合法权益的大旗牢牢掌握在手中，哪里的职工合法权益受到侵害，哪里的工会就要站出来说话。扎实做好维权服务工作，是工会落实以人民为中心的发展思想、践行全心全意为人民服务根本宗旨的必然要求。

党的十八大以来，全总和各级工会认真履行基本职责，推动修改《中华人民共和国工会法》、《中国工会章程》，将工会基本职责拓展为“维护职工合法权益、竭诚服务职工群众”。助力落实“六稳”、“六保”任务，深入细致做好职工就业创业服务，推动就业优先战略和积极就业政策落实落地。以货车司机、网约车司机、快递员、外卖配送员等为重点，出台推进新就业形态劳动者建会入会和权益保障工作的指导性文件，大力推行“重点建、行业建、兜底建”模式，推进互联网百强企业建会，2021 年度全国互联网百强企业全部实现建会突破，工会组织覆盖和工作覆盖取得阶段性进展，推动解决了一批新就业形态劳动者的急难愁盼问题。做优做强送温暖、金秋助学、阳光就业、职工医疗互助、工会法律援助等工作，开展提升职工生活品质试点，将 20 家工会帮扶中心和 50 家企业（工业园区）纳入全总试点单位，各省（区、市）和新疆生产建设兵团总工会开展省级试点。加强服务职工阵地建设，建设“劳动者港湾”、“爱心驿站”等工会户外劳动者服务站点 10.58 万个，累计投入资金 18.66 亿元。将城市困难职工解困脱困作为重点工作，主动融入党政工作大盘子，通过建档立卡、精准施策、强化评估、压实责任等具体举措，推动 549.87 万户困难职工家庭全部如期实现解困脱困。贯彻落实党中央国务院《关于构建和谐劳动关系的意见》，推动健全党政主导的维权服务机制，努力把劳动关系矛盾化解在基层、化解在萌芽状态。贯彻总体国家安全观，坚决维护劳动领域政治安全，加强相关工作体系建设，健全劳动关系风险监测、分析、研判、预防机制和职工队伍稳定风险排查化解机制，促进职工队伍团结统一与社会和谐稳定。

党的二十大对保障和改善民生、扎实推进共同富裕作出重要部署，为工会围绕中心、服务大局，履行好维权服务基本职责提供了重要契机。新征程上，工会必须始终坚持以职工为中心的工作导向，不断深化自身改革和建设，保持和增强政治性、先进性、群众性，有效发挥党联系职工群众的桥梁纽带作用。积极参与涉及职工切身利益的法律法规政策的制定修改，推动健全劳动法律法规体系。推动落实就业优先政策，推动健全就业促进机制，加强困难群体就业兜底帮扶，推动完善工资平等协商机制、正常增长机制、支付保障机制，健全向一线职工倾斜的分配制度，推动提高劳动报酬在初次分配中的比重，在促进共同富裕中更好发挥工会作用。积极推动完善以职工代表大会为基本形式的企事业单位民主管理制度，依法保障职工知情权、参与权、表达权、监督权，在发展全过程人民民主中保障职工民主政治权利。加快构建以普惠性服务和精准帮扶为重点的工会服务职工体系，着力提升质量和实效。巩固拓展城市困难职工解困脱困成果，推动解困脱困与提升职工生活品质有效衔接，健全困难职工家庭常态化帮扶机制，不断提高职工群众的获得感、幸福感、安全感。增强忧患意识、坚持底线思维，发扬斗争精神、增强斗争本领，密切关注降薪裁员、欠薪欠保、劳资纠纷、生活困难等可能引发的突出风险，积极推进“法院+工会+人社+司法”四方联动机制建设，推动构建和谐劳动关系，在维护企业和社会大局和谐稳定中更好发挥工会组织作用。

党的二十大吹响了新时代新征程奋勇前进的号角。我们要进一步增强学习领会贯彻落实党的二十大精神的自觉性和坚定性，找准工会贯彻落实党的二十大精神的切入点、结合点、着力点，切实把党中央提出的战略部署转化为工会的实际行动，充分展示工会在推进中国特色社会主义事业中的新担当新作为。

（本文系全国人大常委会副委员长、中华全国总工会主席王东明同志在2022年12月16日《求是》杂志发表的署名文章）

目　录

CONTENTS

第一章　工会法律工作概述

工会法律工作是工会组织及其法律工作部门和机构通过多种法律途径与相关形式，参与创制法律规范、监督法律规范的执行并运用法律手段依法维护职工和工会组织的合法权益，保障工会履行法定职能的各种活动。工会法律工作是工会工作的重要组成部分。随着社会主义市场经济体制的建立和完善，以及劳动关系的市场化、法治化，工会要依法建会、依法管会、依法履职、依法维权，构建和谐劳动关系，维护社会稳定，参与国家社会治理，特别是中国特色社会主义进入新时代，工会要团结动员广大职工为实现党的二十大描绘的宏伟蓝图，在统筹推进“五位一体”总体布局和协调推进“四个全面”战略布局中发挥工会组织应有的作用，必须高度重视和加强工会法律工作。

第一节　工会法律工作的意义

工会法律工作是工会工作的一项重要内容，是工会维护职工合法权益、维护工会组织合法权益、履行工会各项职能的重要手段。新时代加强工会法律工作，有着极为重要的意义。

一、工会法律工作是工会在市场经济条件下发挥作用的客观需要

在计划经济时期，工会工作通常是通过参与党和国家方针、

政策的制定与贯彻落实开展工作，这在当时是可行的、必要的，也取得了较好的效果；但随着我国市场经济体制的建立和完善，社会主义民主和法制建设的加强，特别是我国劳动法律体系的框架初步建立，计划经济时期的工会工作方式方法已不能完全适应客观情况的需要。要使工会工作跟上依法治国的时代步伐，满足维护职工和工会组织合法权益的需要，满足职工群众对美好生活的向往，工会就必须加强法律工作。市场经济是法治经济，工会组织必须拿起法律武器，依法建会、依法管会、依法履职、依法维权、依法构建和谐劳动关系、依法维护社会稳定。

二、工会法律工作是工会履行维护职责的基本手段

维护职工合法权益、竭诚服务职工群众是工会的基本职责。工会要在市场经济条件下维护好职工合法权益，首先，要通过参与立法，把职工群众的意见和意愿，把工会组织的权利等，通过国家和地方立法等途径，变成法律法规的具体条款，做到从源头上、宏观上，为职工群众维护自身合法权益、为工会组织依法开展工作提供健全的法治基础。其次，要推动和参与对法律法规的实施情况加强监督检查，使法律法规的具体条款得到真正的贯彻和执行。再次，要依法参与预防和调处劳动争议，维护劳动关系和谐稳定，为职工和工会提供法律服务和法律援助。最后，还要积极开展法治教育、培训和研究，不断提高广大职工和各级工会组织依法主张权利、行使权利和维护自身合法权益的能力。而创建良好的法治环境、依法与侵犯职工合法权益的违法行为作斗争，支持职工群众依法主张和维护自己的合法权益，则是工会履行维护职责的主要方式和途径。

三、工会法律工作是工会发挥民主参与和民主监督作用的重要保障

党的二十大报告指出，人民民主是社会主义的生命，是全面建设社会主义现代化国家的应有之义。工会是发展社会主义民主政治的重要社会力量。工会应当通过自身民主的力量和法律手段，建立健全民主选举、民主协商、民主决策、民主管理和民主监督的程序和制度。工会加强法律工作，运用法律的途径和方式表达工会和职工的意愿，有助于不断提高工会和职工民主选举、民主协商、民主决策、民主管理和民主监督的效能和水平，保障工会有效发挥桥梁纽带作用，在社会生活中发挥越来越重要的作用。

四、工会法律工作是工会推动和谐社会建设的重要组成部分

劳动关系是否和谐，事关广大职工和企业的切身利益，事关经济与社会发展。工会作为党联系职工群众的桥梁和纽带、作为国家政权的重要社会支柱、作为广大职工合法权益的代表者和维护者，运用法律手段，切实维护职工合法权益，竭诚服务职工群众，特别是依法参与并处理好各种社会问题和突发性事件，有助于构建和谐稳定的劳动关系，为建立和谐社会奠定基础。

第二节　工会法律工作的任务

工会法律工作的主要任务包括以下几个方面：参与国家和地方立法；为工会参政议政提供法律依据；开展工会法律监督；预防和参与处理劳动争议；为工会和职工提供法律服务；进行工会法治宣传教育。

一、参与国家和地方立法

（一）参与立法的含义

参与立法是指工会组织通过各种途径和形式，参与国家和地方立法机关等起草、制定、修改法律法规的活动。《工会法》对工会参与立法作了具体规定：“国家机关在组织起草或者修改直接涉及职工切身利益的法律、法规、规章时，应当听取工会意见。”这为工会参与立法提供了直接的法律依据。参与立法分为广义和狭义两种。广义的参与立法除了指参与法律规范的创制，还包括参与立法机关、行政机关、司法机关就法律规范进行的立法解释和司法解释等工作。狭义的参与立法专指工会参与起草和修改法律、行政法规、部门规章和地方性法规等法律规范的创制活动。各级工会往往更多地从广义角度使用参与立法这一概念。

（二）工会参与立法的职责范围

工会参与立法的职责范围主要是参与涉及职工和工会权益的各项法律法规的制定，如参与有关职工劳动保障权利、民主管理权利、社会监督权利以及其他涉及职工权利和利益的立法，参与和工会工作密切相关的立法等。

工会参与立法，必须按照我国的立法体制进行。工会参与立法按职责范围分为参与国家立法和参与地方立法。

1. 工会在参与国家立法方面的职责范围。

（1）提出并起草全国总工会给中共中央、全国人大常委会、国务院的立法建议。

（2）参加立法机关进行的与职工和工会权益紧密相关的法律、法规草案起草工作；全国总工会可单独或与有关部门联合起草涉及职工具体利益的法律、行政法规草案，并通过相应的法律程序提请全国人大及其常委会或国务院常务会议审议。

（3）各产业工会全国委员会可参与政府相关部门承担的与职工权益紧密相关的法律、法规、规章草案和政策文件的起草；可与相应的国务院各部委联合起草涉及职工具体权益的规章和决定等政策文件。

（4）对全国人大常委会、国务院及其有关部门征求工会意见的法律、法规、规章草案和政策文件提出修改意见与建议。

（5）对最高人民法院制定的与职工和工会有关的司法解释及相关文件提出意见和建议。

（6）与立法机关和政府机关进行协调，疏通工会参与立法的渠道，通过立法解释和其他方式，解决工会参与立法、参与劳动争议处理和开展劳动法律监督中的相关问题。

2. 工会在参与地方立法方面的职责范围。

（1）起草地方总工会给地方立法机关的立法建议。

（2）地方总工会或自治地方的总工会可与有关部门联合起草涉及职工具体权益的地方性法规草案、民族自治地方的自治条例草案。

（3）地方总工会或自治地方的总工会可与地方政府及其相关部门联合起草与职工权益紧密相关的规章草案和政策文件等。

（4）对地方人大常委会、地方政府及其相关部门征求地方总工会意见的规章草案和政策文件提出修改意见。

（5）与地方立法机关和地方政府部门进行协调，解决工会参与立法的渠道和方式问题。

此外，基层工会也可根据实际情况和需要，向有关部门提出立法建议或参与企业有关规章制度的制定和修改等工作。

（三）工会参与立法的途径和形式

工会参与立法要与特定的国家和地方立法机关相联系，具体来说，主要是全国人民代表大会、全国人民代表大会常务委员会、全国人民代表大会常务委员会下属各专门委员会；国务院、国务院各部委及其具体工作部门；各地方人民代表大会、地方人民代表大会常务委员会、地方人民代表大会常务委员会下属各专门委员会；地方政府、地方政府相关部门；最高人民法院、地方各级人民法院；最高人民检察院、地方各级人民检察院；等等。工会应当与上述国家机关密切联系与合作，通过相应的途径和形式参与立法活动。如：向立法机关、政府和政府部门提出立法建议，通过人大常委会委员和人大代表提出立法议案或建议，通过政协委员提出立法提案或建议，对法律法规草案提出修改意见和建议等。

工会参与立法要分层次进行。在参与国家立法方面，全国总工会和地方各级工会都可以参与，但以全国总工会为主；全国总工会可以在综合各地工会意见的基础上，向国家立法机关提出工会的意见和建议。在参与地方立法方面，则以地方总工会为主，由地方总工会向地方立法机关提出立法意见和建议，全国总工会可以给予指导。

工会参与立法是一项综合性工作。必须注重发挥工会法律工作部门和工会机关其他职能部门以及各产业工会的作用，协调一致，统一以本级工会的名义提出。凡是综合性问题的立法建议，应以工会法律工作部门为主，吸收各职能部门、各产业工会的意见；凡业务性、专业性较强的立法建议，应以各职能部门或有关的产业工会为主，法律工作部门积极参与研究。工会还应积极参加同级人大常委会、政府等组织的有关法律问题的研讨会、论证会，了解立法方面的趋势和进展，有针对性地进行调查研究，提出切合实际的法律意见和建议。

二、为工会参政议政提供法律依据

（一）工会参政议政的含义

工会参政议政是指工会组织通过参与国家和社会事务的决策与管理过程，依法反映和维护职工群众合法权益、履行工会各项职能的工作。工会代表和组织广大职工参政议政是充分发挥工会民主选举、民主协商、民主决策、民主管理和民主监督作用的重要内容和形式。广义的工会参政议政应当包括参与立法，此处所讲则指工会参与立法以外的参政议政。工会参政议政的主要方式是参加国家和社会事务的管理，参加政府及其部门召开的与职工权益有关的会议，反映职工群众的意见和要求，促使政府在维护职工权益方面作出相应的规定；对政府及其部门的行政管理活动进行监督，发现问题及时提出意见和建议等。

（二）为工会参政议政提供法律依据的范围

工会法律工作为工会参政议政提供法律依据的职责范围，主要是起草工会贯彻实施有关法律法规的规范性文件；为工会参政议政和制定政策文件把好法律关，提供相应的法律服务和法律意见。根据《工会法》的相关规定，工会法律工作为工会参政议政提供法律依据的职责如下。

1. 县级以上各级人民政府制订国民经济和社会发展计划时，对涉及职工利益的重大问题，提出工会的意见和建议。

2. 参加县级以上各级人民政府及其有关部门研究制定劳动就业、工资、劳动安全卫生、社会保险等涉及职工切身利益的政策、措施，反映职工和工会的意见，维护职工的合法权益。

3. 在县级以上地方各级人民政府与工会召开联席（联系）会议或协调会议，政府向同级工会通报政府的重要工作部署和与工会工作有关的行政措施时，建议政府及其有关部门研究解决工会反映的职工群众的意见和要求。

4. 在各级人民政府劳动行政部门与同级工会和企业方面代表建立的协调劳动关系三方机制中，共同研究解决劳动关系方面和涉及职工利益的重大问题。

（三）工会参政议政需要注意的几个问题

为工会参政议政的各项活动提供法律法规方面的依据和建议，是工会法律工作的一项重要任务。要做好这项工作，工会法律工作者应当注意倾听职工群众的意见和要求，在深入调查研究的基础上，为工会的参政议政提出有理有据的意见和建议。

1. 参政议政要注重调查研究。

工会组织在参政议政中提出的问题和建议，应当有来自基层调研的数据，应当在对数据进行分析的基础上，提出需要与政府及政府相关部门协商的具体内容。

2. 参政议政所涉及的问题要尽可能地有法律法规方面的依据。

要为工会在联席（联系）会议或其他协商活动中提出的问题提供法律法规方面的依据，尽可能地使所提问题建立在法律法规规定的基础之上，以使工会的意见和建议更有说服力，并得到认可。

3. 通过参政议政所要解决的问题应使之与相关法律法规的精神相一致。

工会通过参政议政，通过与相关部门的联席（联系）会议等形式，尽最大努力就协商问题的解决形成一致意见。但应当注意，解决问题的方法和措施应建立在法律法规规定的基础之上；即使在法律法规没有明确规定的情况下，解决问题的措施和方法也要符合法律法规规定的立法宗旨。

三、开展工会法律监督

（一）工会法律监督的特点和意义

工会法律监督是指工会组织针对政府部门和用人单位贯彻执行法律法规的情况进行检查并督促其解决问题的活动。这是工会代表广大职工参与管理国家和社会事务的重要形式。根据法律赋予工会的权利，各级工会有权以不同的方式，广泛参与国家法治建设和法律监督活动。特别是在劳动关系领域，工会有权通过广泛地开展各种形式的法律监督，纠正违法和侵权现象，代表和维护广大职工和工会组织的合法权益。

1. 工会法律监督的特点。

（1）广泛性。

工会法律监督是各级工会组织对涉及工会和职工权益的法律法规实施情况的监督，具有职工群众这一广泛的群众基础和各级工会组织这一广泛的群众组织基础。同时，监督的内容涉及社会和劳动关系的方方面面，非常广泛。

（2）合法性。

工会的法律监督权利是国家法律法规明确规定的，是工会组织享有的合法权利，应当依法行使。在现实工作中，主要是通过民主管理、民主渠道和民主方式依法进行。

（3）维护性。

工会通过法律监督的方式，主要是对违反劳动法律法规的行为进行监督，并要求违法单位进行改正，或建议政府劳动行政部门及其劳动保障监察机构进行纠正和处罚，达到维护职工合法权益的目的，使工会组织的维护权益职责落到实处。

（4）合作性。

工会法律监督需要与政府有关部门和劳动保障监察机构密切配合、协调，相互支持，相互合作，才能取得良好的效果。

同时，基层工会也需要加强与用人单位的沟通、协调，就发现的问题及时进行协商，才能真正使工会法律监督工作在广泛的基层层面发挥作用。

2. 工会法律监督的意义。

我国广大职工在国家的政治、经济和社会生活中享有广泛的民主参与和民主监督权。工会法律监督作为一种有组织的群众监督，主要依靠广大职工来进行，是广大职工实现其民主参与、民主监督权利的重要形式和途径。职工通过开展工会法律监督工作，可以对违反劳动法律法规、侵犯职工合法权益的行为及时给予制止和纠正，使职工享有的法定权利真正落到实处。

（1）有利于完善国家的监督制度。

在我国的民主制度中，法律监督占有非常重要的位置。而在法律监督制度中，工会的法律监督可以发挥其他形式的监督所难以发挥的作用。从这个角度讲，开展工会法律监督有利于完善国家的民主制度和法律监督制度。

（2）有利于落实职工的民主权利。

工会法律监督既为广大职工参与国家管理提供了相应的法律途径，又对广大职工享有的知情权、参与权、表达权、监督权的落实具有重要的现实意义，使职工的民主权利得以实现。工会的法律监督更多的是对用人单位执行劳动法律法规情况的监督，这项工作开展得好，可以有效地防止出现侵犯劳动者合法权益的违法行为，从而构建和谐劳动关系，促进经济发展和社会稳定。

（3）有利于建设社会主义法治国家。

从大的方面讲，工会法律监督是工会协调劳动关系、维护职工合法权益的重要手段，是落实工会代表和维护职能的有效途径，是工会在劳动关系领域推进全面依法治国的重要任务。工会法律监督工作做得好，就可以提高广大职工的法律意识和依法办事的自觉性，为国家的法治化建设打下坚实的群众基础。

（二）工会法律监督的方式

1. 配合国家立法机关和政府的执法检查。

这主要是全国总工会参加全国人大常委会、全国人大各专门委员会、国务院和国务院各部委开展的涉及劳动关系领域的执法检查；地方总工会参加地方立法机关和地方政府开展的与职工和劳动关系领域相关的执法检查。

2. 各级总工会开展的监督检查。

这主要是全国总工会和地方各级总工会开展的涉及职工权益和劳动关系领域的监督检查，其中主要是对涉及劳动法律法规执行情况和职工权益落实情况的监督检查。

3. 基层工会的监督检查。

这主要是基层工会或基层工会的上级工会针对某个问题或某一项情况的监督检查，如集体协商的情况，职工代表大会或职工大会的情况，职工民主管理的情况，职工劳动竞赛的情况，职工技术创新的情况，执行劳动安全卫生法律法规的情况，处理职工检举、控告的情况等。基层工会监督工作如取得好的效果，对于发挥工会组织的优势和展现工会法律监督的强大生命力具有重要的现实意义。

（三）工会劳动法律监督

《劳动法》规定："各级工会依法维护劳动者的合法权益，对用人单位遵守劳动法律、法规的情况进行监督。"这一规定为工会开展劳动法律监督工作提供了法律上的支持。

工会劳动法律监督是我国劳动法律监督的重要内容，是我国劳动法律监督体系的重要组成部分。工会劳动法律监督由工会法律工作部门负责，工会劳动保护监督检查则由工会劳动保护工作部门专门负责。

工会不仅要对用人单位贯彻实施劳动法律法规的情况进行监督，还应当与有关部门密切配合，对政府有关部门贯彻执行劳动法律法规规定职责的情况进行监督。

四、预防和参与处理劳动争议

（一）工会预防和参与处理劳动争议的内容

劳动争议是指劳动关系当事人之间因劳动权利义务问题发生分歧而形成的纠纷。工会预防和参与处理劳动争议是指工会组织和工会工作人员依照法律法规的规定，开展预防劳动争议的发生，参与劳动争议案件的调解、仲裁和诉讼活动的各项工作。

职工作为劳动关系中的弱势一方，需要工会组织维护其合法权益，因此工会必须在劳动争议的预防和处理工作中发挥积极作用。《工会法》规定，“工会参加企业的劳动争议调解工作”，“地方劳动争议仲裁组织应当有同级工会代表参加”。《劳动法》对此也作了进一步的规定，这为工会参与劳动争议处理工作提供了法律依据。2021 年 1 月 1 日实施的《最高人民法院关于审理劳动争议案件适用法律问题的解释（一）》规定：“建立了工会组织的用人单位解除劳动合同符合劳动合同法第三十九条、第四十条规定，但未按照劳动合同法第四十三条规定事先通知工会，劳动者以用人单位违法解除劳动合同为由请求用人单位支付赔偿金的，人民法院应予支持，但起诉前用人单位已经补正有关程序的除外。”这进一步明确了工会组织在预防、参与处理劳动争议方面的权利。依法处理劳动争议已经成为各级工会的一项重要工作，做好这项工作，对协调劳动关系、增强工会组织的凝聚力都具有十分重要的现实意义。工会法律工作部门应当主动参与和做好这项工作。

（二）工会参与处理劳动争议的职责范围

用人单位与劳动者发生劳动争议，当事人可以通过协商解决，也可以依法申请调解、仲裁或向法院提起诉讼解决。各级工会在劳动争议的协商、调解、仲裁和诉讼阶段，其职责范围有所不同。工会参与处理劳动争议及相关工作的具体内容如下。

（1）参与劳动争议处理法律、法规、规范性文件和政策的制定；研究劳动争议的现状及发展趋势，提出工会参与劳动争议处理的政策性意见。

（2）制定工会系统参与劳动争议预防与处理的制度、办法和规定，建立健全劳动争议调解的组织机构，开展劳动争议的预防、调解和仲裁工作。

（3）对严重侵犯工会和职工合法权益的重大劳动争议案件进行调查并提出处理意见，提请有关部门加以查处和纠正。

（4）参加劳动争议的调解工作。企业劳动争议调解委员会由职工代表和企业代表组成。职工代表由工会成员担任或者由全体职工推举产生；企业劳动争议调解委员会主任由工会成员或者双方推举的人员担任。

（5）参加劳动争议仲裁委员会的工作；对具体劳动争议案件进行仲裁。

（6）在职工不服劳动争议仲裁委员会的裁决向人民法院提起诉讼时，提供相应的法律服务；对符合条件的职工给予法律援助。

五、为工会和职工提供法律服务

（一）工会法律服务的内容及特点

工会法律服务是指工会法律工作部门通过各种途径和形式，

依法为职工和工会组织提供法律方面的帮助，为符合条件的职工提供法律援助的各项活动。《工会法》规定，县级以上各级总工会依法为所属工会和职工提供法律援助等法律服务。这是工会开展法律服务工作的法律依据。

工会法律服务工作是随着市场经济的建立而出现的一项新的工会工作，这一工作随着我国法律体系的不断发展完善而逐步走向成熟。工会法律服务工作有以下特点。

(1) 从事工会法律服务的主体是各级总工会的法律工作部门、机构及其法律工作人员。从组织形式上看，有的由工会法律工作部门承担，有的由工会下属的职工法律服务中心承担，有的则利用社会力量为工会和职工提供法律服务。虽然它们的组织形式不同，但所服务的对象是一样的，即职工和工会组织。

(2) 工会法律服务有特定的形式。工会法律服务的形式主要有：法律咨询、代写法律文书、审查合同、审查法律文书、提供法律意见、出具法律意见书、参加劳动争议调解、代理仲裁和诉讼等。工会法律服务的形式在各级工会有所不同。一般说来，地市以上总工会的法律工作部门或者机构所提供的法律服务更多带有全局的性质，或是为本级工会的法律事务提供相应的法律咨询和政策咨询，涉及具体案件的情况相对较少；县级总工会和基层工会所提供的法律服务则更多的是针对具体个案，所提供的法律服务直接面向职工。

(3) 工会法律服务要有法律依据。与其他工会工作不同的是，工会开展法律服务要有相应的法律依据，所出具的法律意见要合理合法，所审查的合同要按照法律的要求字斟句酌，所代理的诉讼要按照法定的程序进行，等等。即工会法律服务要以事实为依据，以法律为准绳。只有这样，工会的法律服务工作才能发挥作用，取得预期的效果。

（二）工会法律服务的职责范围

工会法律服务的职责范围主要有以下方面。

（1）为职工或工会组织提供法律咨询。

（2）应职工或工会组织的要求，为其代写法律文书。

（3）为职工或工会组织审查劳动合同、民事合同及其他相关法律文书。

（4）应工会组织的要求，为职工或工会组织出具法律意见或法律意见书。

（5）基层工会参加劳动争议调解组织，并依法主持开展调解工作。

（6）应职工或工会组织的委托，代理劳动争议仲裁，代理劳动争议诉讼或其他案件的诉讼活动。

六、进行工会法治宣传教育

（一）工会法治宣传教育的意义

工会法治宣传教育是指工会组织在工会系统内按照国家的普法规划，对职工和工会组织进行法治宣传和普及教育的各种活动。法治宣传教育是工会宣传教育的一项重要内容。在我国法治建设不断完善的情况下，提高全体公民的法治思维和法律意识尤其重要。从某种意义上讲，没有全体公民法治思维和法律意识的提高，全面依法治国基本方略就不能实现，社会主义法治国家就不能建成。工会作为工人阶级的群众组织，党联系职工群众的桥梁和纽带，与职工群众有着天然的联系，在对职工进行法治宣传教育方面也有着组织上的优势，做好这项工作是工会法律工作部门义不容辞的责任。

（二）工会法治宣传教育的职责范围和形式

1. 工会在法治宣传教育方面的职责。

（1）按照全国普法办公室的要求，开展工会系统的普法工作，并对普法工作分级进行检查验收。

（2）对工会干部和工会工作者进行经常性、专向性的法律培训。

（3）对工会劳动争议调解员、工会劳动争议兼职仲裁员、工会劳动法律监督员、工会劳动保障法律监督员等进行培训。

（4）通过多种途径和方式、利用舆论宣传工具进行具体事例和个案的法治宣传教育工作。

2. 工会法治宣传教育的形式。

工会法治宣传教育的形式多种多样，如举办法律培训班、法律学习班、法律研讨班，利用宣传栏、电视节目，运用网络、微信、微博、移动客户端等新媒体进行法治宣传教育。各级工会可以根据各自的实际情况，采取恰当的宣传教育方式，以职工群众喜闻乐见的形式，以案说法的生动方式，送法到企业，送法到车间、班组，以取得扎扎实实的法治宣传教育效果。

（三）做好工会法治宣传教育的要求

（1）工会的法治宣传教育应当根据工会工作的实际情况，有针对性地提出宣传教育计划，制订宣传教育方案，明确法治宣传教育所要达到的目标，以提高法治宣传教育的效果。

（2）对职工进行法治宣传教育是职工思想政治工作的重要组成部分。为此，工会法律工作部门必须与工会的宣传教育部门密切配合、通力合作，按照全国总工会的统一安排和要求，共同做好这项工作。

（3）工会法治宣传教育工作一定要扎根基层，走群众性自我宣传教育的道路。可以通过在基层建立工会法律服务队

(站)、工会法律宣传组、工会法律宣传员等形式，开展职工自我教育、相互教育等活动。

(4) 各级工会应当结合当地的实际情况，采取各种形式，有的放矢地进行法治宣传教育工作，把法治宣传教育工作深入有效地长期开展起来，提高职工的法律意识。

(5) 各地工会可以采取长短期培训相结合、一事一训等多种形式，有计划地对现有人员进行法律专业培训和轮训，对工会的骨干力量进行法律专业培训等方式，培训一批工会法律工作干部，为工会工作法治化建设提供专门的人才保证。

第三节　工会法律工作的特点

工会法律工作是整个工会工作的一部分，但是其工作领域和工作特点区别于其他的工会工作，区别于社会上其他法律部门的法律工作，具有鲜明特色。

一、用法律手段维护职工权益的特色

随着我国改革开放和法治化进程的加快，工会法律工作取得了明显的进步和发展。工会法律工作的主要任务是围绕立法、执法、司法、守法等内容展开。从工会法律工作的内容看，无论是参与国家和地方立法，参与国家和地方规章政策制定，对机关、企事业单位、社会组织执法和守法情况进行监督，对工会干部和职工开展法治宣传教育，还是参与劳动争议处理以及开展法律服务和法律援助等，都与国家的法律法规紧密相关，并通过这些工作，扩大工会组织的社会影响，扩大工会组织在职工群众中的影响，为工会组织更好地维护职工权益发挥应有的作用。工会法律工作的这种独特地位和作用是工会其他工作无法代替的，且随着市场经济的进一步发展，变得越来越重要。

党的二十大报告提出全面推进科学立法、严格执法、公正司法、全民守法，全面推进国家各方面工作法治化。这就要求各行各业都必须遵守法律法规的规定，按照法律法规的规定和要求，开展各自的工作和活动，在整个社会形成依法办事的良好风气。工会法律工作既然是围绕着法律法规的制定、执行和监督展开的，这就要求工会法律工作部门应当依法办事，使工会的各项工作都符合依法治国和依法治会的要求。工会组织作为职工群众利益的代表者和维护者，作为国家政权的重要社会支柱，只有自觉地遵守法律法规，依法办事，依法维护职工群众的合法权益，才能使工会的各项工作建立在合法合理的基础之上，才能不断扩大工会组织的社会影响力。

二、服务于工会维权活动的特定服务属性

《工会法》明确规定，维护职工合法权益、竭诚服务职工群众是工会的基本职责。工会法律工作部门在开展工作和进行活动时，要把维护职工群众和工会组织的合法权益作为自己的工作重点。从工会法律工作的内容看，每一项工作都与维护职工的合法权益紧密联系。随着改革的不断深入和市场经济的发展，法治建设也将越来越完善，越来越深入人心，广大职工寄厚望于工会，希望工会组织能够依法维护其合法权益不受侵犯。为了巩固党的阶级基础，保持社会的稳定，工会组织特别是工会法律工作部门应当充分发挥作用，依法维护职工合法权益，把职工的愿望变成工会工作的实践，切实发挥工会组织作为职工权益代表者和维护者的职责，在社会上发出工会组织的响亮声音。

工会法律工作在履行维护职责方面主要体现为两种方式。一是宏观参与，源头维护。即工会法律工作部门通过参与立法，参加法律法规的起草，代表广大职工和工会组织对法律、法规、

规章、政策提出修改意见和建议，使广大职工群众的意愿与利益在法律法规的条款和政策文件中得到较好的表达维护，从宏观角度对职工和工会组织的权益进行维护。二是微观帮助，具体维护。即工会法律工作部门通过对具体劳动关系问题、落实职工民主权利问题和工会组织权益问题的监督及对被侵权者权益的维护，以调解、仲裁、诉讼、建议、控告、检举等多种方式，依法向有关部门、单位和个人反映工会和职工的意见，促使问题尽快解决；对职工个人权益受侵害的案件，则通过提供法律服务和法律援助等方式进行个案维护。事实表明，突出工会法律工作的维护性，不仅可以提高工会组织在职工群众中的威信，增强工会的凝聚力，还可以不断增强和提高工会组织在参与立法和参政议政中的地位。

三、建立一支具有法律专业知识人才队伍的特殊工作要求

工会法律工作的内容、方法都是以法律法规的规定为依据的，都是与法律法规的相关规定有直接关系的，具有鲜明的法律特色。工会参与立法、参政议政、开展劳动法律监督、进行劳动争议处理、提供法律服务和法律援助、开展法治宣传教育等工作，都离不开掌握和运用法律法规的相关规定，都必须在法律授权的范围内，依照法定程序依法进行。从另一个角度讲，也只有通过符合法律法规规定的工作和活动，工会的法律工作才能够取得预期的效果。

工会法律工作的这种特殊性决定了工会法律工作的专业性要求。具体说来，一是工会法律工作人员的专业化，即从事工会法律工作的人员必须具有一定的法律素养，熟悉相关法律法规，并能够熟练运用法律法规解决工会工作中遇到的实际问题；二是工会法律工作的专业化，即工会法律工作人员在从事相关工作或在提出法律意见和建议时，必须以宪法和法律为依据，

运用法学原理、法律手段、法律语言去研究分析具体问题，并提出建立在法律法规基础之上的意见和建议，使工会的意见和建议得到立法机关和政府相关部门的重视和采纳。工会组织要在国家的法治建设中发挥作用，就必须重视工会法律工作的专业化，可以说，专业化是工会法律工作发挥应有作用的可靠保证。

工会法律工作的上述特点，决定了工会法律工作在工会工作中的独特地位，即工会法律工作是工会工作的一项重要内容，是工会组织依法维权、依法治会的重要环节，是工会工作逐步走上法治轨道的不可缺少的组成部分，是维护职工群众和工会组织权益的重要形式。各级工会组织要在市场经济体制的建设中提高自己的地位和在职工群众中的威信，加强工会法律工作就是一条重要的途径。

第四节　工会法律工作的沿革与发展

1925 年 5 月，第二次全国劳动大会宣告中华全国总工会成立。争取工会组织合法化始终是工会工作的一个重要目标，如何利用法律手段进行“合法斗争”也是工会组织开展工作的一个重要的选择手段。20 世纪 20 年代，中国早期工人运动的杰出领导人、中国首位“劳工律师”施洋以律师身份和自己的专业特长为工会、为维护工人权益出谋划策，开工会法律工作的先河，甚至为此献出了生命。毛泽东曾高度评价：“施洋同志的牺牲，证明了中国共产党是工人阶级自己的政党，是最保护工人阶级利益的。”工会的法律工作从一开始就站在了较高的历史起点上，为工会工作的开展发挥着重要的作用。中国工会在历史巨变和社会发展转型过程中的经验和教训都表明，源头参与、依法维护，是代表和维护工人阶级的利益、维护职工群众的劳动权益和民主权利最有效的武器，是工会工作的保障与基石。

随着新中国成立，中国工会在维护职工群众合法权益问题上又进入了一个崭新的历史阶段。首先是推动和参与国家制定新中国第一部《工会法》，拉开了新中国工会法律工作的序幕。从此以后，中国工会伴随着整个中国社会的法治化进程，不断走向成熟和理性，为构筑现代法治文明和建设法治社会，进行着不懈的努力并不断作出贡献。

一、新民主主义革命时期的工会法律工作

（一）争取合法地位

1922年8月，中国劳动组合书记部拟定了《劳动法大纲》，倡议开展劳动立法运动，各地职工、工会纷纷响应，成为后来罢工斗争的指导纲领。京汉铁路总工会成立过程中，施洋就参与其中，作为法律顾问，运用法律手段进行斗争，最终发生了1923年的二七惨案，施洋壮烈牺牲。随后军阀政府出台的《工人协会法案》，实质为“惩治工人条例”，工会被查封，工人运动陷入低潮。

第一次国共合作后，1924年10月至11月，孙中山以大元帅令公布了《工会条例》。1925年5月，制定《工会法》、《工厂法》、《劳动保险法》成为第一次全国劳动大会的重要议题。

（二）争取合法权利

1926年第三次全国劳动大会通过的决议案有“劳动法大纲（附工会条例）”，但此时的工会仍然不能得到法律上的承认。1927年第四次全国劳动大会提出：切实实行保护工人的劳动法、工厂法。中央苏区建立后，关于工会运动的任务首先明确为：“争取在苏维埃法令上工人阶级的利益的实现”；在此期间，国民党先后出台了虚假的“工会法”和“工厂法”。1929

年第五次全国劳动大会提出的行动纲领是：在政治上争取工人结社、集会、言论、罢工自由，反对国民党束缚工会行动的工会法等。工会随之开展了反“工会法”、“工厂法”的斗争，从源头上捍卫工人的真正利益。

（三）推动解放区劳动立法工作

1930年闽西第一次工农兵代表大会通过了《工会法》、《劳动法》的法案。1931年中华苏维埃工农兵代表大会通过了《中华苏维埃劳动法》，1933年在中华全国总工会苏区中央执行局的参与下，苏维埃临时中央政府修改颁布了《中华苏维埃共和国劳动法》。随后工会积极推进和参与各种劳动法规的制定工作。

（四）注重依法斗争策略

抗日战争时期，中国共产党就提出了合法斗争与非法斗争相配合，邓发同志在党的七大上讲到职工运动中的错误就有：根本不懂得应用合法斗争与非法斗争。解放战争期间，第六次全国劳动大会召开，通过《中华全国总工会章程》，恢复成立了中华全国总工会。“六次劳大”决议要求工会高级领导机关协助政府进行劳动立法。

（五）积极推动新中国法制建设

新中国成立初期，全国总工会协助中央人民政府和政务院进行了大量的有关工会、劳动保护、劳动保险等方面的立法工作，有的至今还发挥着重要作用。1949年8月，周恩来同志在全国工会工作会议上讲到：全国总工会和各地方工会都要派代表参加政治协商会议，参与新中国的政权建设。此次会议上讨论通过了《关于劳资关系暂行处理办法》、《关于私营工商企业劳资双方订立集体合同的暂行办法（草案）》、《处理劳动争议暂行办法（草案）》、《劳动局组织条例》。李立三同志在1949

年亚澳工会会议上提出：工会应当保护工人阶级的利益，为改善工人生活而奋斗。工会首先应当是拟定各种劳动保护法令，如劳动保险法、工人法等，提请中央人民政府颁布。可以说，中国工会依法维权及工会法律工作早在新中国成立前就开始了。

二、社会主义革命和建设时期的工会法律工作

新中国成立初期，我国还没有进入社会主义计划经济阶段，当时虽然没收了官僚资本，但大量的私营企业客观存在。职工个人的力量是有限的，于是工会积极推动国家采取立法的方式确立工人阶级的地位和职工的正当权利，中国工会的源头参与、依法维权的历程，自此进入了一个崭新的历史阶段。

新中国成立后，热火朝天的和平建设时期拉开序幕。工会将工作重点放在调整劳动关系问题上，特别强调和关注立法工作。1949 年 11 月全国总工会就公布了《劳动争议解决程序的暂行规定》，并获得政务院认可。1950 年 6 月 28 日，全国总工会起草的《中华人民共和国工会法（草案）》由中央人民政府委员会第八次会议通过，并于次日由中央人民政府主席毛泽东签发命令公布施行。作为新中国最早颁布的三大法律之一的《工会法》，成为中国工运史上具有划时代意义的重大事件，也是新中国工会法律工作的开端。

这部《工会法》旨在确立工人阶级和工会在国家中的法律地位，使大量分散在私营企业中的职工团结起来，维护和争取自己的合法权益和合理利益。《工会法》中明确规定了工会有代表职员和工人与资方进行协商、谈判、缔结集体合同的谈判权；规定了工会专职干部的编制等内容。工会组织由此得到了充分的发展，这又进一步推动了随后的劳动立法工作。作为新中国第一部《工会法》，它不仅为我国工会在社会主义革命和建设时期发挥人民民主专政的支柱作用、联系党与职工群众的

组带作用以及维护职工的合法权益方面提供了法律依据，而且也直接促进了工会自身的建设和发展。它以法律规范的方式，保护了广大职工团结起来、组织起来建立工会组织的权利，并通过工会的力量，争取和维护职工的权利和利益。

全国总工会在1950年下半年的工作计划中第一项就是参与国家立法，需要全国总工会提出方案送请政府通过，其中包括：《工资法》、《劳动保险条例》、《安全卫生条例》等八部法律法规。1951年，在全国总工会的推动下，劳动部与全国总工会组成的起草委员会颁布《劳动保险条例》。1953年，中国工会第七次全国代表大会召开，肯定了前一阶段的工作。1954年，中央人民政府颁布了根据全国总工会建议制定的《国营企业内部劳动规则纲要》。1956年，《工厂安全卫生规程》等劳动安全卫生三大规程也相继出台。

这一时期，工会源头参与特别是参与劳动立法工作取得了重大成果。这一时期也是工会组织与劳动立法的高速发展、积极互动的时期，其背景是公私合营尚未完成，社会经济发展客观需要依法维护职工合法权益，需要劳动关系法制化。源头维护调动了广大职工的积极性和创造性，1957年第一个五年计划提前完成。

1956年公私合营完成，社会主义改造取得成功。此后，我国进入社会主义计划经济体制时期，劳动关系不再具有劳资双方的对抗性质，开始呈现出特殊的稳定性。在计划经济体制下，我国的劳动关系逐步行政化，劳动关系的调整也以行政手段为主。与此同时，工会工作的重点转移到了经济建设上，工会组织的作用也越来越与企业行政方面趋同，工会工作也逐步被边缘化，甚至掀起“工会消亡”风，在“文化大革命”期间还一度停止了工会活动，使整个工会工作包括工会法律工作陷入瘫痪。直到1973年，各级工会组织才逐渐整顿恢复。

三、改革开放和社会主义现代化建设新时期的工会法律工作

1978年党的十一届三中全会召开，中华全国总工会也于“文化大革命”后全面恢复工作，并于1978年10月召开中国工会第九次全国代表大会。这一时期，全国总工会政策研究室设立了法规处，具体承担工会法律工作。

1981年7月27日，中华全国总工会法律顾问委员会成立，其任务是为全国总工会参政议政、为维护职工和工会组织的合法权益提供法律建议与咨询。1983年召开的中国工会第十次全国代表大会肯定了这一组织形式，并在《中国工会章程》第十三条中规定：“县和县以上各级工会设立法律顾问组织，为保障会员和工会组织的合法权益服务。”与此同时，各级工会源头参与、依法维护的意识逐步加强。1986年国营企业实行劳动制度改革，工会推动并参与了《国营企业实行劳动合同制度暂行规定》等四项规定的制定工作。1987年工会参与制定了《国营企业劳动争议处理暂行办法》，这又进一步推动了工会劳动争议调处组织的建立和发展，促进了工会组织依法维权意识的提高和依法维权机制的逐步建立。

1989年，全国总工会成立法律工作部，作为全国总工会的一个重要职能部门，代表全国总工会参与国家有关法律法规的起草工作；协调指导劳动争议处理、劳动法律监督、法律服务与援助；进行工会法律工作人员的培训工作和普法宣传工作，同时对地方法律工作机构进行指导。全国总工会法律工作部的成立，是对工会法律工作重视的具体体现。此后，各地工会相继设立法律工作部，工会的源头参与、依法维权工作开始走向专业化，工会法律工作逐步在全国工会系统铺开。

1990年2月，第一次全国工会法律工作会议在北京召开。

会议强调，工会法律工作是工会工作的一项重要内容，各级工会领导干部要提高对工会法律工作重要性的认识，应当把工会法律工作作为各级工会工作目标管理的一个重要内容，把工会法律工作开展得好坏作为考核工会干部政绩的一个标准。当时，工会组织开始意识到，工会工作不能仅仅是配合行政完成生产任务，应当关注如何在新的形势下开展维权工作，关注对政策和法律制定的参与，并提出了工会“维护、建设、参与、教育”的四项职能。实行依法维权、依法治会并使工会工作纳入法制化轨道逐渐成为共识。

为应对新形势的挑战，全国总工会向全国人大提议将修改1950年的《工会法》纳入立法工作规划。1992年4月3日，第七届全国人民代表大会第五次会议通过了新的《工会法》，对我国工会在国家政治、经济和社会生活中的地位及其权利义务作了规定，明确了工会的性质、地位、作用、基本职责、组织原则、权利义务、经费财产等一系列问题，特别是强调了工会的社会团体法人制度，提出了集体合同等市场调节劳动关系的机制，提出了工会为职工提供法律服务的要求，对发挥工会组织在社会主义现代化建设中的重要作用，以及为工会工作在新形势下的顺利开展创造了良好的条件。依据《工会法》，各省、自治区、直辖市都制定了工会法实施办法或工会条例。工会法律工作进入了一个新的阶段。由于当时中央尚未明确提出建立社会主义市场经济体制的目标，国家对公有制企业劳动关系的改革尚未深入进行，仍然是“新人新办法、老人老办法”，劳动关系市场化、法制化还远未到位，因此，在当时历史条件下修改的《工会法》也就客观上存在着适用范围窄、维护职能不突出等许多的不足，尤其是在社会主义市场经济条件下逐步显现出了其历史的局限性。

在建设中国特色社会主义事业的实践中，特别是随着劳动关系的逐步市场化，工会法律工作与劳动立法与时俱进、同步发展。1992 年下半年，中央提出建立社会主义市场经济体制的目标，劳动关系真正开始走向市场化。市场化条件下发生的劳动争议难以再用行政手段来解决，因此，1993 年国务院制定了《中华人民共和国企业劳动争议处理条例》，劳动部出台了《企业最低工资规定》，工会都积极地参与其中。在工会及社会各界的强烈呼吁下，1994 年 7 月 5 日，《中华人民共和国劳动法》经全国人大常委会第八次会议审议通过，并于 1995 年 1 月 1 日起施行。这标志着我国劳动法制建设进入了一个新阶段，广大职工的各项劳动权益第一次有了专门的法律保护。工会直接推动和参加了《劳动法》的起草和制定工作，也正因为如此，《劳动法》被广大职工亲切地喻为“劳动者的保护神”，工会代表和维护职工合法权益的职责也进一步得到了法律和职工的确认。至此，中国工会法律工作进一步走上正轨，工会法律工作也成为工会整体工作的重要内容。

《劳动法》的出台直接推动了工会工作法治化。《劳动法》为工会开展维权工作提供了充分的法律依据和保障。全国总工会十二届二次执委会议提出了工会工作总体思路，强调以贯彻实施《劳动法》为契机、为突破口，突出维护职能，带动工会工作全面开展。工会大力开展依法维权工作，有效地维护了职工的合法权益，不断探索建立依法维权的新机制。针对职工在具体劳动关系中处于弱势地位的问题，工会提出要紧紧抓住推行平等协商、签订集体合同法律制度这一“牛鼻子”，贯彻实施《劳动法》。于是，监督法定劳动标准条件的实现成为工会维权工作的基本目标，帮助指导职工与企业和实行企业化管理的事业单位签订劳动合同、代表职工与用人单位签订集体合同成为工会帮助职工争取应得合理利益的更高追求。由于贯彻实施《劳动法》工作的蓬勃开展，运用法律手段维护职工合法权益的工作成效显著。在发展社会主义市场经济的新形势下，工会工作进一步走上了法治化的道路，依法维权、依法治会成为工会工作的基本要求。

《劳动法》出台后，劳动立法又进入了一个新的高峰期。通过在人大、政协的工会界代表和委员的努力，通过全国总工会和地方工会的共同沟通、呼吁，进一步推动了劳动立法的进程。全国人大先后颁布了多部劳动法律，《就业促进法》、《劳动合同法》、《劳动争议调解仲裁法》、《社会保险法》、《安全生产法》、《职业病防治法》等，劳动关系方面的法律成为调整劳动关系的主要法律；与国家的法律相配套，国务院先后颁布了《失业保险条例》、《工伤保险条例》、《劳动监察条例》等多部行政法规；劳动和社会保障部发布了《企业最低工资规定》、《集体合同规定》等多部行政规章。现在，我国的劳动法律体系已经形成基本框架，今后则是逐步完善这些法律法规的内容，使之形成一个完整的以保护职工合法权益为基础的符合中国实际的劳动法律体系。

党中央在中国工会十四大的祝词中明确要求工会："坚持依法维权、依法治会，进一步把各项工作纳入法制化轨道。"《劳动法》等多部劳动法律法规的实施，推动了工会工作法制化，也推动了《工会法》的修订工作。2001 年 10 月 27 日，第九届全国人民代表大会常务委员会第二十四次会议通过《关于修改〈中华人民共和国工会法〉的决定》，对 1992 年《工会法》进行了修正，使之更加适应市场经济条件下工会工作的新情况。修改后的《工会法》明确规定，维护职工合法权益是工会的基本职责，确立了工会在各类企业中的规范，规定工会有权参与劳动法律法规和政策的制定，增加了违反《工会法》的法律责任一章，使工会工作的法律地位得到了更加充分的确认和保护。

四、中国特色社会主义新时代的工会法律工作

党的十八大以来，工会深入学习贯彻习近平新时代中国特色社会主义思想特别是习近平总书记关于工人阶级和工会工作的重要论述，聚焦党中央对工会工作提出的新要求，持续推动完善维护职工权益相关法律法规。党的十八届四中全会审议通过了《中共中央关于全面推进依法治国若干问题的决定》。为贯彻落实党的十八届四中全会精神，全国总工会制定下发了《关于贯彻落实党的十八届四中全会精神 大力推进工会工作法治化建设的实施意见》。2021 年，推动并配合修改《工会法》，将工会的基本职责由“维护职工合法权益”扩展为“维护职工合法权益、竭诚服务职工群众”；明确新就业形态劳动者参加和组织工会的权利；明确工会推动产业工人队伍建设改革，维护产业工人合法权益。积极参与劳动及相关立法，先后参与《民法典》、《公司法》、《企业破产法》、《职业教育法》等多部与职工权益密切相关的法律法规制定修改。全程参与《保障农民工工资支付条例》、《劳务派遣暂行规定》制定，从源头上维护农民工、劳务派遣工权益。连续多年通过不同方式持续推动完善集体协商、企业民主管理相关法律法规。密切关注新就业形态劳动者权益保障立法，围绕新就业形态劳动者权益保障开展专题调研，形成研究报告并提交立法机关，积极推动解决部分新就业形态劳动者适用劳动保障法律方面存在的困难和问题。人社部、国家发改委、全国总工会等 8 部门联合印发《关于维护新就业形态劳动者劳动保障权益的指导意见》，明确维护新就业形态劳动者权益的政策依据。

主动适应职工队伍和劳动关系变化新要求，扎实开展工会劳动法律监督工作。积极推行落实劳动用工法治体检、“一函两书”制度等，完善预防为主、前后延伸、统筹兼顾等监督体系，

延长监督链条，丰富监督手段，把劳动领域风险隐患化解在基层、解决在前端、消除于体制机制框架内。注重加强与人社、卫生健康、应急管理等部门沟通联系，推动建立制度共商、职责共担、队伍共建、信息共享的协作联动机制。2021 年 3 月，全国总工会印发新修订的《工会劳动法律监督办法》，进一步健全完善了工会劳动法律监督制度机制。

积极会同人社、法院有关部门推动建立完善劳动争议多元预防化解工作格局。会同最高法院在内蒙古、吉林、上海、江西、山东、湖北、广东、四川 8 省（区、市）和陕西省西安市、浙江省宁波市、广西壮族自治区北海市开展“法院+工会”劳动争议多元化解试点工作。积极推动完善国家法律援助制度。2021 年，全国总工会配合参与《中华人民共和国法律援助法》制定，就完善国家法律援助制度体系建言献策，推动工会意见建议写进法律条文，明确工会法律援助地位和职责。

充分发挥优势、整合利用资源，结合职工群众法律服务需求，持续广泛开展法律援助工作，取得良好法治效果和社会效果。自 2017 年以来，全国总工会、司法部、全国律协连续 6 年联合开展“尊法守法 · 携手筑梦”服务农民工公益法律服务行动，在保障法律正确实施、维护职工合法权益、促进劳动关系和谐和社会稳定等方面取得积极成效。截至 2022 年底，各地累计组建了 2.1 万支“工会干部+律师志愿者”服务分队，组织律师志愿者 5.7 万人次，开展实地公益法律服务活动 7.3 万场次，调处劳动争议案件 14.1 万件次，办理法律援助案件 10.1 万件次，服务农民工 2900 多万人次，帮助挽回经济损失超过 40 亿元。

把普法工作与履行工会维权服务职责紧密结合，开展形式多样、内容丰富的法治宣传教育活动。着力加强以新就业形态劳动者、农民工为重点的法治教育。2016 年，开展“法暖冬日 ·

以薪慰心”公益活动，组织专业律师为广大职工特别是农民工提供免费法律咨询服务，累计覆盖人数约 5000 万人。2021 年，联合人社部、司法部开展“尊法守法·携手筑梦”服务职工法治宣传行动，共计 221 万余名职工参加法律知识网上答题，闯关人次超过 1635. 3 万。紧紧抓住元旦、春节、“安全生产月”、“春风行动”、“12·4”国家宪法日等重要时间节点，积极开展主题鲜明的集中宣传活动，实现工会普法工作常态化、即时化。树立“互联网+法治宣传教育”的理念，主动开拓新媒体宣传阵地。充分发挥互联网技术在普法中的作用，打造以“三微一端”为主体的工会普法网络，坚持线上线下相结合，利用“报、网、端、微、屏”等媒体平台进行普法宣传，增强普法活动的吸引力和互动性，工会普法工作取得了积极进展。

思考题：

1. 工会法律工作有什么特点？
2. 工会法律工作的任务有哪些？
3. 进一步加强工会法律工作的意义何在？

第二章　工会参与立法及规章制度制定工作

新中国成立以来，中国工会十分重视参与立法工作，把参与立法和政策制定作为源头维护职工权利和利益的重点来抓，在依法参与立法机关立法活动的过程中，力争反映广大职工的意见和诉求，维护职工的权益。全国总工会和地方各级工会参与了大量国家法律法规以及地方性法规规章的制定和修改工作，充分代表和反映了广大职工群众的利益。

第一节　工会参与国家立法工作

工会代表职工参与立法，就是工会通过各种途径和形式，参与国家和地方立法机关等涉及职工和工会权益法律法规的制定、修改，参与立法解释和司法解释等工作。工会参与立法是由我国的国体及工会的性质决定的，是中国工会的一大特色。

工会代表职工参与立法是我国社会主义民主政治建设的重要体现。我国社会主义民主政治的本质和核心是人民当家作主。《宪法》规定："中华人民共和国是工人阶级领导的、以工农联盟为基础的人民民主专政的社会主义国家。"社会主义制度的确立，保障了人民享有管理国家事务和社会事务、管理经济和文化事业的各项政治权利。中国工会是工人阶级最广泛的群众组织，是职工合法权益的代表者和维护者。实现工人阶级的领导地位，代表和维护职工合法权益，工会必须积极参与国家法律、法规和政策的制定，尤其是参与涉及职工权益的法律、法规和政策的制定。只有这样，才能从国家法律政策上充分体现工人阶级的整体意志，才能从法律上、制度上保障工会依法履行基本职责。

工会代表职工参与立法是推进依法治国方略、建设社会主义法治国家的基本要求。依法治国，建设社会主义法治国家，是中国共产党领导人民治理国家的基本方略。全面落实依法治国基本方略、加快建设社会主义法治国家，要从科学立法、严格执法、公正司法、全民守法等方面扎实推进，从法律上、制度上保证党的路线方针政策的贯彻落实。工会贯彻依法治国方略，就是要积极参与立法和政策制定，表达和反映广大职工群众的意愿与呼声。工会组织体系健全，联系职工群众密切，掌握职工队伍和劳动关系状况，能够广泛地动员组织职工群众有序参与立法活动，及时反映和表达职工群众意见和要求，从而有利于增强立法特别是劳动立法的科学性、民主性，保证立法的质量，为法律的贯彻落实奠定广泛的群众基础和坚实的实践基础。

工会代表职工参与立法是促进劳动关系和谐和维护社会稳定的迫切要求。《中共中央 国务院关于构建和谐劳动关系的意见》要求“加强调整劳动关系的法律、体制、制度、机制和能力建设，加快健全党委领导、政府负责、社会协同、企业和职工参与、法治保障的工作体制……建立规范有序、公正合理、互利共赢、和谐稳定的劳动关系”。随着社会主义市场经济体制的建立和完善，政府、企业和职工三方利益关系日益清晰，工会作为职工合法权益代表者的身份更加明确。市场经济是法治经济，社会主义市场经济必须以法律为规范。在发展社会主义市场经济的过程中，适应劳动关系、经济关系和社会利益关系的调整，工会必须更好地发挥民主参与和民主监督作用，大力加强立法参与，促进劳动关系和谐和社会稳定。

一、工会参与国家立法工作的依据

根据《立法法》的相关规定精神，工会可以也应当参与立法活动。《工会法》第三十四条第一款规定：“国家机关在组织起草或者修改直接涉及职工切身利益的法律、法规、规章时，应当听取工会意见。”进一步明确了工会的参与立法权。

我国正在推进法治国家、法治政府、法治社会一体建设，社会组织和成员权利义务的赋予和保障，都要通过法律来实现。在目前劳动关系中，劳动者、用人单位的地位和实力存在着不平衡现象，工会通过参与立法，能够促进确认、保护和发展职工利益，从源头上推动调整和纠正这种不平衡现象，促进立法公平公正。

1992年《工会法》制定时已经注意到工会组织参与立法、参政议政的重要性，规定：“县级以上各级人民政府制定国民经济和社会发展计划，省、自治区的人民政府所在地的市和经国务院批准的较大的市以上的人民政府研究起草法律或者法规、规章，对涉及职工利益的重大问题，应当听取同级工会的意见”，“县级以上各级人民政府及其有关部门在研究制定工资、物价、安全生产以及劳动保护、劳动保险等重大政策、措施时，应当吸收同级工会参加研究，听取工会意见”。

2001年《工会法》修改时对此又作了调整，划分了层次，参与立法单独作为一款规定。与修改之前相比，这次将工会参与立法的层次从省、市及以上人民政府扩大到所有有立法权的机关，包括全国人大、人大常委会和地方各级人大常委会，国务院及其各部门和地方各级人民政府，层次进一步提高；工会参与立法从原来的“研究起草”阶段扩展到“组织起草或者修改”，范围进一步扩大；工会参与立法的内容从“涉及职工利益的重大问题”包括政治、经济问题，变为“直接涉及职工切身利益”的问题，重点是劳动关系和劳动权益、工会组织和工会活动、民主参与和民主监督方面的问题，内容进一步明确。

另外，工会参与立法的组织从原来的“同级工会”调整为所有工会组织都可以参加。因此，参与国家立法以全国总工会为主，地方各级工会组织积极配合；参与地方立法以同级工会为主，上级工会予以指导帮助，下级工会积极配合。

二、工会参与国家立法工作的内容

工会参与国家立法工作包括以下几个方面的内容。

（一）参与法律、法规、规章的制定

为使我国法律充分体现广大职工的意愿，国家机关在研究起草或者修改直接涉及职工切身利益的法律、法规、规章时，应当听取工会的意见。

（二）参与国民经济和社会发展计划的制定

国民经济和社会发展计划是国家对国民经济各部门、社会再生产各环节以及文化、教育、科研、人口等方面进行全面安排而提出的一定时期经济和社会发展的预期目标。其中就业、安全卫生、社会保险等与职工利益直接相关。因此，工会应当积极参与计划的制定，维护职工利益。《工会法》第三十四条明确规定，县级以上各级人民政府制定国民经济和社会发展计划，对涉及职工利益的重大问题，应当听取同级工会的意见。

（三）参加劳动政策、措施的研究制定

劳动就业、收入分配、劳动安全卫生、社会保险等问题与职工的利益息息相关，特别是我国经济发展进入新常态，经济面临着速度换挡节点、结构调整节点、动力转换节点交汇叠加的严峻局面，供给侧结构性改革力度不断加大，一些政策、措

施必然会影响到职工的切身利益，需要得到职工的理解和支持。因此，国务院及其各部门在研究制定劳动政策、措施时，应当吸收同级工会参加研究，听取工会意见。工会也必须积极参与，如实地反映职工的情况、问题、意见和建议。

三、工会参与国家立法工作的途径

在国家层面，工会主要通过以下几个途径参与国家立法工作。

（一）通过议案、提案参与国家立法

通过适当方式提交全国人大议案、政协提案，反映涉及职工利益的问题，提出改进方案，或接受立法机关的委托单独或与有关部门联合拟订涉及职工利益的法律草案，通过法律规定的程序提请人大、政协审议。一般议案、提案及法律草案是经人大、政协中工会界的代表、委员提交给人大、政协会议的。工会通过人大、政协中来自工会的代表、委员和进入党政领导班子的工会领导人发挥作用。

（二）通过调研，推动政策议程建立

工会采用“从群众中来，到群众中去”的调研方式，深入调查研究职工群众普遍关心的涉及职工切身利益或工会组织自身利益的问题，并向党委、人大、政府及有关部门报送专题报告、调查报告、信息，争取将工会提出的要求列入政策议程。

（三）通过建立各级工会与同级政府及相关部门召开联席（联系）会议制度发挥作用

联席（联系）会议是政府与工会进行沟通、交流，通报情况，解决问题的一种形式。工会应充分利用这种形式，来解决劳动关系中的棘手问题，提出改进意见，督促政府付诸行动。

（四）通过专题讨论会，与政府有关部门就涉及职工切身利益的具体问题进行研究

工会与政府有关部门就有关劳动就业、收入分配、社会保障、劳动安全卫生等涉及职工切身利益的问题进行专题研讨，共同提出解决问题的方案，并采取联合制发文件等形式，促使解决有关问题，如工会应围绕新就业形态劳动者权益维护问题与人社、发改、交通等部门专题研讨，共同研究解决方案。

（五）通过参加劳动关系三方机制发挥作用

劳动关系三方机制是由政府劳动行政部门、工会和企业代表三方就涉及劳动关系的重大问题，如制定和实施社会经济政策、劳动法律等进行相互协商的组织体制、法律制度以及运行程序。工会应当充分发挥三方协商机制的作用，提出工会的立法和政策制定的意见和建议。

第二节　工会参与地方立法工作

工会参与立法工作是多方面、多层次的，除了全国总工会机关直接代表广大职工和各级工会组织参与国家立法之外，地方各级工会组织都有参与立法工作的职责。随着社会主义市场经济的发展和法治建设的完善，地方立法工作已经取得了长足的进步并会有更大的发展，因此，地方各级工会，特别是有立法权地方的总工会，应当高度重视、积极参与地方立法工作，从源头上维护好职工的合法权益。

一、工会参与地方立法工作的依据

在社会主义国家，一切权力属于人民，人民群众享有参与国家管理的充分权利。这种权利不仅表现在他们通过民主选举选出自己的代表，参加国家机关的工作，制定法律、法规、规

章，而且表现在通过各种合法的民主途径，包括通过自己的群众组织，参加国家日常的管理和法治建设。工会作为工人阶级的群众组织，享有依法参与立法的权利。《工会法》从制度上保证了工会参与立法权的实现，为各级工会组织代表职工参与国家和社会事务的管理提供了法律依据。参与地方性法规的制定也是省、自治区、直辖市和设区的市、自治州工会应当承担的职责。结合本地区的实际情况，出台相关的地方性法规越来越成为各地依法治理的重要手段，特别是在协调劳动关系和依法开展工会工作方面。各地的工会法实施办法、工会条例都重点明确了工会参与制定地方性法规和规章的范围、程序和保障救济等可操作性强的规定，以形成有法律保障、有制度约束、上下贯通、相互支撑、科学规范的工会民主参与体系和工作机制。

二、工会参与地方立法工作的内容

与工会参与国家立法工作相似，工会参与地方立法工作包括以下几个方面的内容。

（一）参与地方性法规和政府规章的制定

近年来，从中央到地方，人大、政府和劳动行政部门先后制定出台了一系列劳动法律、法规、规章，这些劳动法律、法规、规章涉及平等协商和集体合同制度、劳动合同管理、职业病防治、工伤保险、企业民主管理等方面。对这些涉及职工权益的立法，工会应积极主动地参与调研或参与起草、修改，充分反映职工的呼声、建议，从源头上维护职工的劳动权益。

（二）参与国民经济和社会发展计划的制定

国民经济和社会发展计划涉及发展生产、合理分配、提高人民生活水平，发展科学、文化、教育等事业和改善劳动条件、兴办社会保障与福利事业等多方面的内容，直接关系到职工群众的切身利益。工会作为工人阶级的群众组织，有责任参与制定和动员职工实施国民经济和社会发展计划。通过工会组织的参与，有利于使计划建立在广泛听取职工群众意见的基础上，既便于达到计划的科学性和民主性，又便于计划的实施。因此，县级以上各级人民政府制定国民经济和社会发展计划时，应当听取同级工会的意见。

（三）积极参与劳动政策的制定

各级工会应设立职工劳动权益保障政策参与的专门机构或组织，围绕市场经济发展趋势，主动向政府及其有关部门提出调整政策的意见和建议；组织专门人员参加政府及其有关部门起草或修改劳动政策的调整方案，广泛地征询职工的意见和建议，努力在政策中最大限度地反映职工的具体利益。

三、工会参与地方立法工作的方法

在工会参与地方立法工作的过程中，有两个问题需要解决：一要解决工会参与的广泛程度，在地方立法全过程中应该尽可能多地让工会有机会表达职工的各种利益要求；二要解决工会参与的有效程度，这是参与的深度问题，即如何提高参与质量，确保工会参与行为对地方立法的实质影响力。也就是说，不仅要保证工会有充分的机会表达自己的观点，更重要的是应通过一定的机制使工会所表达的意见真正切合职工利益要求。基于上述情况，工会应从外部和内部两个方面，探索工会参与地方立法的方法。

（一）大力营造有利于工会参与地方立法的环境和氛围

一是建立和完善深入了解民情、充分反映民意、广泛集中民智、切实珍惜民力的地方立法机制。这就是说，在各级决策机关建立和完善重大决策的规则和程序，建立社情民意反映制度，建立与群众利益相关的重大事项社会公示制度和社会听证制度，完善专家咨询制度，实行决策的论证制和责任制，防止决策的随意性。二是大力开展工会参与地方立法的理论研究活动。三是继续做好《工会法》配套法律法规的立法工作。

（二）工会要采取切实措施，提高参与地方立法的质量和效率

一是搞好工会组织的自身建设。按照与时俱进的要求，改革工会传统组织体制、思维方式和工作模式，形成上级工会服务下级工会、工会组织服务全体职工、下级工会评判上级工会、会员群众评判基层工会的运行机制和考核评价机制，以确保职工的利益要求有效地通过各级工会的参与，在地方立法过程中得到体现。二是加强工会干部队伍建设。适应工会参与地方立法的需要，加强工会干部法律意识和法律知识的培养和提高；完善各级工会干部工作责任监督制度，实行工会主席向本级会员（代表）大会述职、接受评议监督和罢免；广泛开展学习活动，努力提高工会干部素质，增强工会干部参与地方立法工作的主动性、预见性和科学性。三是多层面、宽领域、富有成效地推进工会的参与工作。要不断拓宽工会参与地方立法的途径；工会应建立健全新闻发言人和记者招待会、信息发布会制度；在工会自己的媒体或大众媒体上经常开展民意测验活动，还可以灵活采取各种方式，如召开座谈会等，直接组织职工就重大政策问题进行讨论、表达意见，形成工会与职工双向互动的综合利益要求的机制；为准确检验法律、政策执行后对职工的影响和效果，工会还要依靠自己的组织优势和专兼职研究专家队伍，建立独立的政策评估机制。四是加强调查研究和政策研究。这是工会做好参与立法工作的基础和保证。可建立工会的专兼职专家队伍，形成工会上下、内外联合调研的工作格局和运行

机制；鼓励工会系统内外多部门跨学科的研究，以利于新思路的产生。与此同时，要制定研究规划，确立研究课题，特别重视组织力量开展前瞻性的研究；要建立工会自己的信息统计系统，及时为工会在参与中更好地表达职工利益要求提供依据。

第三节　工会参与法律解释工作

我国疆域广大，各地发展不平衡，同时社会主义市场经济正处于发展完善的过程中，社会生活是动态的，法律体系还不够完善，因此在法律的实施过程中，需要对相对原则的法律规范作出法律解释。法律解释包括立法解释、司法解释等形式。

一、工会参与立法解释工作

（一）工会参与立法解释的必要性

《立法法》规定了我国的立法解释制度，遇到法律规定需要进一步明确具体含义的，或是法律制定后出现新情况，需要明确适用法律依据的，可以提请全国人大常委会进行立法解释。除此之外，《立法法》还规定，全国人大常委会工作机构可以对有关具体问题的法律询问进行研究答复，这种答复是依照立法的原意，对执行法律中的问题，由立法工作机构经过研究和审批，予以答复。这种方式比较简便，答复比较及时，带有执法服务的性质。为严肃、准确地实施有关法律，必要时工会可以提请立法机关作出立法解释，或者进行法律询问，由立法机关予以答复。

（二）工会参与立法解释工作的法律依据

《立法法》第四十五条规定：“法律解释权属于全国人民代表大会常务委员会。法律有以下情况之一的，由全国人民代表大会常务委员会解释：（一）法律的规定需要进一步明确具体含义的；（二）法律制定后出现新的情况，需要明确适用法律依据的。”第四十六条规定：“国务院、中央军事委员会、最高人民法院、最高人民检察院和全国人民代表大会各专门委员会以及省、自治区、直辖市的人民代表大会常务委员会可以向全国人民代表大会常务委员会提出法律解释要求。”第五十条规定：“全国人民代表大会常务委员会的法律解释同法律具有同等效力。”第六十四条规定：“全国人民代表大会常务委员会工作机构可以对有关具体问题的法律询问进行研究予以答复，并报常务委员会备案。”

《立法法》并没有直接规定工会等社会团体提请立法解释的权利，也没有涉及参与立法解释制定的相应程序和方法，但工会系统可以通过在人大、政协任职的工会界代表、委员，以及在国家机关兼任职务的工会负责同志，经由法定渠道提出法律解释要求。此外，《立法法》对法律询问的规定较为灵活，工会可以充分利用这种形式解决法律实施中遇到的问题。

根据《立法法》第六十四条的规定，工会在贯彻实施《工会法》等法律的过程中，遇到《立法法》第四十五条规定的情况，可以用书面形式向全国人大常委会工作机构提出法律询问，由全国人大常委会工作机构研究后予以答复，同时报全国人大常务委员会备案。这里所说的全国人大常委会工作机构通常是指法制工作委员会，它的答复具有法律效力，对相关组织和个人具有法律约束力。

举例说明。2001 年《工会法》修改以后，有关方面对第五十二条（2021 年《工会法》修改前）存在不同理解。虽然工会系统对此有较为一致的理解，但全国总工会不具有立法解释权，它所作的解释没有法律效力。为严肃、准确地实施《工会法》，2002 年 6 月，全国总工会给全国人大常委会法工委发函，就原

第五十二条如何适用问题提出法律询问。法工委以《关于“〈工会法〉第五十二条如何适用问题”的答复意见》进行了解释，为解决这一问题提供了明确的法律依据。

二、工会参与司法解释工作

（一）工会参与司法解释工作的必要性

司法解释是指司法机关在具体适用法律过程中对法律规范的内容和含义所作的解答和说明，或者对法律规范的定义及所使用的概念、术语、定义作进一步说明。这里的司法机关包括审判机关和检察机关。

无论是《劳动法》、《工会法》还是其他涉及职工切身利益的法律法规，均存在着在实施过程中如何理解、执行的问题。例如，《工会法》在贯彻实施中可能遇到不少新情况、新问题，特别是在司法实践中，由于在法律适用和司法程序等方面缺乏相应的具体规定，致使一些违反《工会法》，严重侵犯职工、工会组织及工会干部合法权益的问题难以得到及时纠正，影响法律的严肃性和实效性。针对这种状况，工会有必要提请司法机关，推动其制定司法解释，从而为《工会法》的深入贯彻实施提供强有力的司法保障。

（二）工会参与司法解释工作的法律依据

实践中，作为使用最广泛且最主要的一种解释形式，司法解释对于弥补法律规范本身存在的缺漏以及保证法律的正确实施具有重要作用，但是关于司法解释权限、程序和方法的法律规定并不是很多，仅在《宪法》和《人民法院组织法》中有所涉及。根据《宪法》精神，以及《人民法院组织法》第十八条“最高人民法院可以对属于审判工作中具体应用法律的问题进行解释”的规定，最高人民法院和最高人民检察院分别有权对属于审判工作或检察工作中具体应用法律、法令的问题进行解释。这可以看作司法解释的法律依据。至于工会参与司法解释制定的具体问题，可以参照参与国家立法的途径和渠道进行，更多的是与司法机关协调沟通，进行前期调研和可行性论证，推动司法机关制定司法解释，指导有关司法实践。

（三）工会参与司法解释工作的内容

鉴于自身性质、地位和职能，工会主要参与有关《工会法》、《劳动法》等司法解释的制定，以维护工会组织和广大职工的合法权益。

（1）《最高人民法院关于在民事审判工作中适用〈中华人民共和国工会法〉若干问题的解释》，从解决民事审判工作中适用《工会法》所面临的现实问题出发，重点对工会干部任职期间劳动合同期限的认定，拨缴工会经费支付令申请的程序及人民法院的受理、管辖与执行，工会的诉讼主体资格及诉讼时效期间等一系列问题作出了司法解释。

（2）《最高人民法院关于产业工会、基层工会是否具备社团法人资格和工会经费集中户可否冻结划拨问题的批复》，就审判工作中如何认定产业工会、基层工会的社团法人资格和对工会财产、经费查封、扣押、冻结、划拨的问题作出了解释。

（3）《最高人民法院关于审理劳动争议案件适用法律问题的解释（一）》，根据《劳动法》、《劳动合同法》、《劳动争议调解仲裁法》和《民事诉讼法》，就正确审理劳动争议案件适用法律的问题作出了司法解释。

（4）《最高人民法院关于人民法院对经劳动争议仲裁裁决的纠纷准予撤诉或驳回起诉后劳动争议仲裁裁决从何时起生效的解释》，就准予撤诉或驳回起诉后的劳动争议仲裁裁决生效时间作出了解释。

第四节　参与工会内部规章制度制定

以改革创新精神加强工会自身建设是坚持中国特色社会主义工会发展道路的组织保障。科学合理、务实高效的运行机制，是实现工会组织正常运转、作用发挥的重要条件。工会要按照《工会法》和《中国工会章程》的规定，规范工会内部规章制度的制定工作，完善内部各项规章制度，逐步形成科学合理的工会规章体系，做到各项工作有章可循。同时，要按照权利义务相一致的原则，建立工会内部的领导、决策、岗位等各种责任制度。

一、参与工会内部规章制度制定的意义和作用

建立健全规范自身组织和运行的各项规章制度，其目的在于依法规范工会行为，促使工会依法办事，这是工会工作法治化的客观需要。

（一）建立健全各项规章制度，使工会依法办事，是社会主义市场经济发展的内在要求

市场经济是法治经济。没有符合经济规律的、健全的法律制度，就不可能建立完善的社会主义市场经济体制。社会主义市场经济条件下政治、经济、社会、文化生活必须按照一定的社会规则进行。工会作为职工群众利益代表者和维护者、党联系职工群众的桥梁和纽带、国家政权重要社会支柱，必须适应社会主义市场经济条件下的社会规范，依法开展活动。

（二）建立健全各项规章制度，使工会依法办事，是贯彻依法治国方略的题中应有之义

依法治国方略的本质意义在于，广大人民群众在党的领导下，依照宪法和法律规定，通过各种途径和形式管理国家事务、

管理经济文化社会事务，保证国家各项工作都依法进行，逐步实现社会主义民主的制度化、法律化，使这种制度和法律不因个人看法和注意力的改变而改变。工会要在社会主义政治文明建设中发挥作用，必须依法开展工作。

（三）建立健全各项规章制度，使工会依法办事，是工会工作蓬勃发展的必由之路

工会依法办事就是要依据宪法和法律的规定，独立自主地开展工作，充分发挥工会在国家政治、经济、社会生活中的重要作用。只有积极参与推动国家有关法律法规的完善，依照法律和工会章程独立自主、创造性地开展工作，依法履行维权服务基本职责和其他社会职能，工会组织才能充分发挥作用。只有规范工会行为，加强各项制度建设，完善组织体制和运行机制，才能使工会工作逐步制度化、规范化、法治化。只有依法办事，工会工作才有可靠保障，工会事业才能健康发展。

二、参与工会内部规章制度制定的内容

根据近年来工会工作的经验，工会主要应建立健全以下几个方面的工作制度。

（一）工会组织建设的工作制度

该制度包括工会如何开展发动职工组织建立工会的工作制度；工会筹建及报告批准制度；工会的会员代表大会制度；工会委员会成员和工会经费审查委员会成员的选举、罢免制度。

（二）工会组织活动的工作制度

该制度既包括工会内部的管理工作制度，如制定工会的例会制度，按期、及时召开全体委员会议、主席办公会议、分工会主席办公会议、工会会员代表团（组）长联席会议等；也包括工会开展维护职工合法权益的工作制度，如制定工会信访接

待工作制度，工会开展劳动争议调解工作制度，工会进行集体协商签订集体合同工作制度，工会公职律师管理工作制度等；还包括各类工作人员的责任制度，特别是工会主席、副主席要严格履行自己的职责，并实行目标责任制。

（三）工会的经费财产管理工作制度

这其中包括制定财务管理与会计核算制度、资产管理制度，促使各级工会收好、管好、用好工会经费，保证工会资产保值增值，发扬财务民主，讲究资金、财产使用效能，保证和促进工会工作、职工群众活动和工会各项事业的发展；制定工会的经费审查制度，促使各级工会经审组织健全、制度完善、审计规范、工作经常、监督有力。

思考题：

1. 工会参与国家立法工作包括哪些内容？
2. 工会参与地方立法工作应采取哪些方法？
3. 工会参与法律解释制定的法律依据是什么？
4. 参与工会内部规章制度制定的意义和作用是什么？
5. 参与工会内部规章制度制定的内容是什么？

第三章　工会劳动法律监督工作

法律监督是法律实施的关键环节。党的十八届四中全会通过的《中共中央关于全面推进依法治国若干重大问题的决定》明确指出，法律的生命力在于实施，法律的权威也在于实施，法律实施必须依靠各种形式的法律监督。“徒法不足以自行”，维护职工的合法权益不仅要“科学立法”，还要“严格执法、公正司法、全民守法”。要做到这一点，就必须有可靠的法律监督机制作保障。对法律的监督是多方面的，从过程看，既有立法监督，也有执法监督；从监督主体看，既有立法机关的监督，也有行政机关、司法机关的监督，还有广泛的社会监督。在社会监督中，既有新闻媒体的监督，也有社会组织的监督，还有个人的监督。工会劳动法律监督属于具有广泛群众性的社会监督，是法律监督的重要组成部分。

第一节　工会劳动法律监督工作的基本内涵

开展工会劳动法律监督工作，首先要明确工会劳动法律监督的特定含义、基本内容、监督的方法，以及相应的权利义务，这是做好工会劳动法律监督工作的基本要求。

一、工会劳动法律监督工作的含义

工会劳动法律监督是指各级工会组织依法对用人单位遵守劳动法律法规的情况，以及对政府劳动行政及其他有关部门履行劳动法律法规规定的管理、监督和处罚职责情况所进行的有组织的监督活动。对不同的监督对象的监督一般是由不同的工会组织去完成的。对用人单位遵守劳动法律法规的情况，各级工会组织都有权进行监督，但经常的大量的工作，是由基层工会进行的，而对政府部门执行劳动法律法规的情况进行监督，则主要由县级以上地方工会进行。

与劳动保障监察机构的行政监察不同，工会对用人单位执行劳动法律法规情况的监督属于社会监督。工会劳动法律监督作为工会法律工作的一项重要内容，最大的优势就在于它的群众性。职工群众工作在生产一线，对生产一线的情况最熟悉，感受最深刻，对劳动法律法规的实施情况最有发言权，能够在第一时间反映用人单位贯彻实施劳动法律法规的实际情况。工会是职工群众的组织，在开展群众性法律监督方面具有天然的优势。

工会劳动法律监督不具有法律强制性，工会劳动法律监督人员不能对用人单位违反劳动法律法规的行为直接进行处罚，但可以向用人单位提出意见和建议，也可以向劳动保障监察机构反映情况，由劳动保障监察机构对违法行为进行处罚。

二、工会劳动法律监督工作的内容

工会劳动法律监督工作根据监督对象的不同可以分为两种：一是对政府相关行政部门的行政行为进行监督；二是对用人单位遵守执行劳动法律法规情况进行监督。

（一）对政府相关行政部门的行政行为进行监督

1. 对政府相关行政部门的抽象行为实行监督。

为了使劳动法律法规得到更好的贯彻落实，国家和地方行政部门，特别是劳动行政部门要制定许多劳动方面的规范性文件。如果这些规范性文件与国家法律法规相悖或发生偏差，不仅有可能造成法制的不统一，以致损害法律的权威，还有可能损害劳动者的合法权益。因此，各级工会组织应当关注和监督政府行政部门相关规范性文件的制定。县级以上各级总工会应主动加强与政府相关行政部门之间的沟通，积极参与和监督规范性文件的制定，避免一些不利于维护职工利益的规定出台。

2. 对政府相关行政部门特别是劳动部门的具体劳动行政行为进行监督。

政府相关行政部门是劳动法律法规实施的执法主体，工会组织可以对政府相关行政部门特别是劳动部门在贯彻执行劳动法律法规中的具体行政行为进行监督。如对劳动用工、工资管理、劳动合同管理、集体合同签订、劳动争议的处理、职工社会保险基金的管理和运营、劳动监察执法等情况进行监督。

(二) 对用人单位遵守执行劳动法律法规情况进行监督

根据全国总工会发布的《工会劳动法律监督办法》的规定，工会对用人单位遵守执行劳动法律法规的情况进行监督包括以下几个方面。

1. 用人单位执行国家有关就业规定的情况。

主要是按照《就业促进法》等规定开展的监督，依法保护劳动者平等就业的权利。平等就业权主要体现在以下几个方面：一是劳动者就业不因民族、种族、性别、宗教信仰不同而受歧视；二是妇女享有与男子平等就业的权利，除国家规定的不适合妇女的工种或岗位外，不得以性别为由拒绝录用妇女或者提高对妇女的录用标准；三是保护未成年人不被强迫劳动。除此以外，还要注意残疾人、少数民族人员、退役军人的就业。法律、法规有特殊规定的，要按规定执行。

2. 用人单位执行国家有关订立、履行、变更、终止、解除劳动合同规定的情况。

劳动关系的市场化和法治化是市场经济条件下合理调配劳动力资源和促进社会经济发展的必然要求，它与劳动者利益关系重大。对用人单位与劳动者订立、履行、变更、终止、解除劳动合同时，是否符合《劳动合同法》的规定情况进行监督检查是工会劳动法律监督的重要内容。

3. 用人单位建立和贯彻落实集体合同制度的情况。

集体合同制度作为一种调整劳动关系的重要法律制度，涉及职工群众合法权益的方方面面。集体合同、工资集体协议、女职工特殊保护协议的订立、履行及争议的处理，都需要加强监督检查。

4. 用人单位执行国家有关工作时间和休息、休假规定的情况。

国家关于工作时间和休息、休假的规定关系到劳动者的身体健康，是十分重要的劳动标准之一。最长工作时间是由国家法律规定的，用人单位都应当遵守执行。用人单位需要安排加班加点的，应当依法执行。

5. 用人单位执行国家有关劳动报酬规定的情况。

工资是劳动者最基本的生活来源，是劳动者生存权利的基本物质保障，是劳动者权益的核心内容之一。有些企业拖欠、克扣职工工资的现象十分严重，需要重点加强监督。工会劳动法律监督应当重点关注以下几个方面：第一，是否遵循按劳分配原则；第二，工资分配方式和工资水平是否合理；第三，不得低于国家规定的当地最低工资标准；第四，必须以法定货币按月足额支付工资；第五，不得克扣或者无故拖欠劳动者工资；第六，加班工资是否按标准支付。

6. 用人单位执行各项劳动安全卫生及伤亡事故和职业病处理规定的情况。

劳动安全卫生直接关系到劳动者的身心健康和生命安全，是重要的劳动标准和条件，是工会劳动法律监督的重要内容。主要包括用人单位建立健全安全卫生制度的情况；劳动安全卫生设施是否符合国家规定标准的情况；新建、改建、扩建工程的劳动安全卫生设施是否与主体工程做到“三同时”；劳动保护用品发放规定的执行情况；执行职业病事故调查处理、职业病健康监护管理规定的情况；《职业病防治法》的贯彻执行情况。工会对劳动安全卫生的监督检查是专业性较强的一个特别项目，有关这方面的规定，我国有工会劳动保护监督检查的三个《条例》，而且有工会劳动保护监督检查队伍和监督检查机构，已经形成了监督检查网络，应该按已有规定执行。

7. 用人单位执行国家有关女职工和未成年工特殊保护规定的情况。

按照国务院发布的《女职工劳动保护特别规定》，对女职工的一般禁忌劳动和在“四期”内的禁忌劳动进行监督检查，针对未成年工的禁忌劳动和定期健康检查要加强监督检查。

8. 用人单位执行国家有关职业培训和职业技能考核规定的情况。

职业培训是充分开发和合理利用劳动力资源，实现充分就业的必要条件，是提高劳动者文化技术素质的重要手段。用人单位应该提取经费对劳动者进行岗前培训。这些都是工会劳动法律监督的重要内容。

9. 用人单位有关职工社会保险及福利待遇规定执行的情况。

职工社会保险包括养老保险、医疗保险、失业保险、工伤保险和生育保险等，是国家对职工在年老、疾病、失业、工伤、生育等情况下依法提供物质帮助，以使他们能够享有基本生活保障的一项社会制度。工会在这方面的监督，主要是对用人单位按照法律规定为职工缴纳保险费的情况进行监督。

10. 用人单位给予劳动者经济补偿、赔偿金的情况。

《劳动合同法》及有关法律法规对经济补偿、赔偿金作出了明确规定，这涉及劳动者的切身利益，也是劳动者最关心最直接最现实的权益。对用人单位是否按照法律法规规定向劳动者支付经济补偿、赔偿金，工会要加强监督。

11. 其他用人单位应当遵守和执行的劳动法律法规的情况。

这主要包含两层意思：一是对前十项内容没有包括的劳动法律法规的其他规定，工会有权监督用人单位遵守执行；二是对国家未来颁布实施的其他法律法规涉及劳动者权益的，工会也要监督用人单位遵守执行。

三、工会劳动法律监督工作的方法

（一）按监督检查的实践经验分类

工会进行劳动法律监督工作的方法是多种多样的。根据实践经验主要有以下几种。

（1）参与涉及工会劳动法律监督相关法律法规、规范性文件和政策的制定，提出工会的主张、意见和建议。

（2）开展工会劳动法律监督工作的调查研究，掌握劳动法律法规贯彻实施的情况，向有关部门提出符合我国劳动关系领域实际情况的意见和建议。

（3）参加各级人大和政府相关部门开展的《工会法》、《劳动法》、《劳动合同法》等法律法规的执法检查活动；参与政协组织的劳动法律法规执行情况的委员视察活动。

（4）工会组织开展劳动法律监督检查活动，对发现的问题，提出整改意见。在这方面，工会劳动法律监督意见书和建议书制度（简称“两书”制度）是一种行之有效的劳动法律监督形式。

（5）通过基层工会和工会的劳动法律监督员（包括由政府劳动行政部门聘请的劳动保障法律监督员），对用人单位遵守和执行劳动法律法规的情况进行监督。

(6) 向党委、政府报告劳动法律法规的执行情况，对存在的重大及带有普遍性的问题，建议党委、政府采取措施予以解决。

(二) 按监督检查的工作方式分类

监督检查的工作方式按时间分，有定期检查和不定期检查；定期检查和不定期检查都可以分为抽查和综合性检查。

定期检查对用人单位遵守执行劳动法律法规具有一种督促的作用。作为日常的、经常性的监督应当确定检查的时间、程序，用人单位内的工会劳动法律监督应以日常的、经常性定期检查为主，并对关键岗位、重点岗位进行重点检查。

不定期检查，即抽查，应确定对某些问题、某些情况的抽查制度。县级以上工会劳动法律监督委员会的监督应以抽查为主，有重点、分阶段进行。根据《工会劳动法律监督办法》的规定，县级以上工会经同级人大、政协同意，可以参加其组织的劳动法律法规执法检查，县级以上工会可以与政府劳动部门及其他职能部门联合组织劳动法律法规执法检查。这也是工会劳动法律监督检查工作制度中的工作方法之一，即联合检查。

(三) 按监督检查的范围分类

按监督检查的范围分，有综合性监督检查和专项监督检查。综合性监督检查应以定期为主，专项监督检查应以抽查为主，但专门监督员则应以定期的专项监督检查为主。专业性的劳动法律法规的监督检查，如矿山安全监督检查、锅炉压力容器安全监督检查等，应依法律规定进行。矿山安全监督员凭其证件，在所负责的范围内有权随时进入有关单位进行检查，工会监督员若同时兼任监察员的，则应依据相应的法律规定进行监察工作，这种随时检查可以视为不定期检查。

四、工会劳动法律监督的权利和义务

(一) 工会劳动法律监督的权利

开展工会劳动法律监督是法律赋予工会的一项权利，根据《工会法》、《劳动法》、《劳动合同法》等法律法规的规定，工会的监督权主要体现在以下几方面。

1. 知情权。

知情权即获知监督对象遵守和执行劳动法律法规的活动和行为的权利。知情权是法律监督的基本保证。知情权的实现方式有多种，如视察、检查、调查、听取汇报、查阅有关文件资料、接受职工举报控告等。工会组织的这些权利都是依法确立和依法行使的。被监督单位作为工会劳动法律监督的对象，应当予以协作和配合。

2. 检查权。

检查权是指工会组织有权依法通过各种形式对用人单位遵守和执行劳动法律法规的情况进行监督检查，用人单位应当配合，接受工会的检查。发现问题时，工会有权提出意见、建议。

3. 调查权。

调查权是指工会针对某个方面的问题进行查阅、核实、取证，了解事实真相，这是工会组织监督检查权的一种形式，在现实生活中，往往是指工会对有关严重违反劳动法律法规的事件、行为或重大、恶性事故依法参与调查处理的权利。

4. 意见、建议权。

意见、建议权即工会劳动法律监督主体对监督内容进行评价，向有关单位和人员提出意见、建议及督促监督对象矫正违法行为的权利。具体有以下几种形式：(1) 对监督对象行为的合法性进行评价；(2) 对于违法、错误行为提出予以纠正的建议；(3) 督促有关部门对违法的监督对象依法进行严肃处理；

（4）支持职工依法举报、控诉；（5）利用宣传阵地、舆论工具对违法、错误行为进行披露、批评。

由于工会劳动法律监督员与职工有着天然的、密切的联系，故其参与违法问题的处理是十分必要的。一方面，有助于及时发现问题，使问题及时、公正地解决；另一方面，参与违法案件的处理也是工会劳动法律监督员的一种实践锻炼，可以提高其监督检查的能力和水平，使监督工作准确、及时、有效。

5. 诉讼权。

诉讼权是当事人请求司法机关或准司法机关对其民事财产和人身权进行保护的权利，即向人民法院、劳动仲裁机关直接提起诉讼、仲裁的权利。基层工会有权提起的仲裁或诉讼，在一定条件下用人单位所在地的地方工会、产业工会或工会劳动法律监督委员会也有权提起诉讼，受诉机关应当立案处理。

（二）工会劳动法律监督的义务

开展工会劳动法律监督不仅是工会的一项权利，同时也是工会的责任和义务。这主要表现在两大方面：一是工会组织的义务；二是工会劳动法律监督员履行具体职责时应遵守的义务。

1. 工会组织的义务。

工会是职工群众的组织，工会的基本职责是维护职工合法权益、竭诚服务职工群众，监督劳动法律法规的实施是工会应尽的职责。所以，工会应当切实履行法定职责，代表职工群众向人大、政府有关部门和劳动保障监察机构，反映职工群众的意见、建议和要求；要相信职工群众，依靠职工群众，支持职工群众依法检举、控告和诉讼；要依法开展监督，即依照法定权利、法定范围和法定程序行使监督权利，开展监督工作。

2. 工会劳动法律监督员的义务。

工会劳动法律监督的具体工作由工会的派出代表或具体工作人员承担。因此，工会劳动法律监督员应做到：具有较高的政治觉悟，热爱工会工作；熟悉劳动法律法规，具备履职能力；公道正派，热心为职工群众说话办事；奉公守法，清正廉洁。

第二节　工会劳动法律监督的组织机构和制度

工会劳动法律监督是一种有组织的并在法律明确授权范围内的监督，实施监督主要依靠工会劳动法律监督组织。由于工会劳动法律监督主要是针对用人单位进行的，本节主要介绍对用人单位的监督。

一、工会劳动法律监督组织及职责

工会劳动法律监督组织是指具体实施工会劳动法律监督工作的组织机构及其网络。根据《工会劳动法律监督办法》的有关规定，结合各地建立工会劳动法律监督组织的实践，我国工会劳动法律监督组织主要包括三个部分：县级以上工会领导机关设立的劳动法律监督委员会；基层企事业单位工会或职代会设立的劳动法律监督委员会（监督小组）；各级工会劳动法律监督员队伍。它们同职工群众广泛的民主监督相结合，自下而上构成了一个完整的工会劳动法律监督组织网络。

（一）县级以上工会劳动法律监督委员会及其职责

县级以上工会劳动法律监督委员会是同级工会劳动法律监督工作的协调领导机构。作为县级以上工会领导机关负责劳动法律监督工作的组织——县级以上工会劳动法律监督委员会的职责，概括起来主要有以下几项。

（1）研究劳动法律监督的理论政策。结合本地区的实际情况，组织劳动法律法规执行情况的综合和专项调研，针对存在的问题，向政府有关部门和上级工会领导机关提出相应的政策性意见和建议。

（2）根据有关法律法规，研究制定本地区工会系统开展劳动法律监督工作的具体制度、办法和规定。

（3）研究制订本地区工会系统开展劳动法律监督的工作计划，并协调推动各业务部门具体贯彻实施。

（4）根据职工的投诉、举报，派人员对用人单位执行劳动法律法规的情况进行调查，对存在的问题提出意见，要求政府劳动保障监察机构处理。

（5）参与同级人大、政协组织的对劳动法律法规执行情况的监督检查和视察活动。

（6）与同级政府有关部门联合开展劳动法律法规执行情况的监督检查活动。

（7）组织、协调本地区各级工会劳动法律监督组织集中进行有关劳动法律法规执行情况的监督检查。

（8）对下级工会，特别是对基层工会劳动法律监督组织的建设以及劳动法律监督工作的开展进行业务指导。

（9）组织和指导工会系统劳动法律监督员的培训、考核、聘任、管理工作。

（10）了解和掌握本地区劳动法律法规的执行情况及违法案件的处理结果，向上级工会劳动法律监督委员会定期上报有关统计资料。对重大案件，及时向上级工会劳动法律监督委员会及政府劳动保障监察机构报告。

（二）基层工会劳动法律监督委员会（监督小组）及其职责

基层工会劳动法律监督委员会（监督小组），是用人单位工会成立的进行劳动法律监督的专门组织。从其组织形式看，基层工会劳动法律监督委员会可以设在工会，也可以设在职代会。《工会劳动法律监督办法》规定，基层工会设立的劳动法律监督委员会应接受基层工会委员会的领导。而基层企事业单位职工代表大会设立的劳动法律监督委员会（监督小组）则应由职工代表大会（职工大会）民主选举的职工代表组成，并向职工代表大会（职工大会）负责。

基层工会劳动法律监督委员会（监督小组）的职责，是对本单位遵守国家劳动法律法规的情况进行监督。对于监督中所发现的问题，企事业单位工会劳动法律监督委员会（监督小组）应当及时向生产管理人员和企事业单位行政方面提出改进意见。由企事业单位职工代表大会设立的劳动法律监督委员会（监督小组）定期就本单位执行劳动法律法规的情况，向职工代表大会提交工作报告，针对存在的问题提出意见或议案，经职工代表大会作出决议，督促行政方面执行。对于严重损害劳动者合法权益的行为，基层工会劳动法律监督委员会（监督小组）在向企业行政提出意见的同时，可以报告上级工会和当地政府劳动保障监察机构，要求迅速查处。

二、工会劳动法律监督员的职责和管理

工会劳动法律监督员是各级工会组织任命或聘任的在工会劳动法律监督组织中从事劳动法律监督工作的专职、兼职人员。

工会劳动法律监督员是工会履行劳动法律监督职责的具体执行者。工会劳动法律监督员素质的好坏、能力的大小、水平的高低，能否尽职尽责，能否充分发挥作用，是工会劳动法律监督职能能否实现的关键。因此，必须加强工会劳动法律监督员的队伍建设。

工会劳动法律监督机构不同，其人员构成也有所不同，《工会劳动法律监督办法》规定，县级以上工会劳动法律监督委员会成员为本级工会劳动法律监督员；县级以上工会可以聘请社会有关人士担任工会兼职劳动法律监督员。

（一）劳动法律监督员的类型

1. 工会劳动法律监督员。

（1）县级以上和基层工会劳动法律监督员。

县级以上工会劳动法律监督员包括县级以上各级工会组织设立的监督机构中的委员、监督委员会聘请的工会及社会各界的专业人员担任的专职和兼职监督人员。县级以上各产业工会委员会也可设监督机构，其监督员为县级以上工会劳动法律监督员。

基层工会劳动法律监督员是指基层工会委员会设立的或用人单位职工代表大会设立的劳动法律监督委员会、监督小组的成员。基层工会劳动法律监督员可由工会指定工会委员担任或从职工中选聘。

（2）专职和兼职工会劳动法律监督员。

专职工会劳动法律监督员指专门从事工会劳动法律监督工作的人员。兼职工会劳动法律监督员则指在担任其他工作的前提下，又从事工会劳动法律监督工作的人员。

专职和兼职劳动法律监督员的划分是有实际意义的，这是因为二者在监督的内容、范围、力度上有所不同，任职条件及工作要求也有所不同。

对劳动法律监督工作负有专门职责并持有《工会劳动法律监督员证》的工会工作者均为专职监督员。而在职工中及社会上聘任为工会劳动法律监督员的则为兼职监督员。

（3）综合和专业工会劳动法律监督员。

工会劳动法律监督工作涉及的范围比较广泛，涉及的问题比较具体，专业性比较强。工会应当具有一批既懂工会业务又懂法律的综合性、复合型的人才，从法律的专业角度进行劳动法律监督。同时，在广泛的法律监督工作中，还有许多专门性的、技术性的问题，需要具有专门知识的人员负责具体的监督。

如《矿山安全法实施条例》规定，矿山安全监督人员必须熟悉矿山安全技术知识。因此，在工会劳动法律监督员队伍中，应当具有相当数量的专业监督员。

工会组织建立专业性的劳动监督机构，如工会劳动保护监督检查队伍，是工会劳动法律监督的重要组成部分。

2. 工会劳动保障法律监督员。

原劳动和社会保障部、中华全国总工会下发的《关于加强劳动保障监察与工会劳动保障法律监督相互协调配合工作的通知》中要求："地方各级劳动保障行政部门可以在同级工会组织中聘请劳动保障法律监督员。工会组织中被聘请的劳动保障法律监督员由县级以上劳动保障行政部门和工会组织培训，经考核合格后，由县级以上劳动保障行政部门、工会组织统一颁发证件。"根据该《通知》的要求，各级工会与劳动行政部门密切配合，加大培训力度，使一大批工会干部被劳动行政部门聘为劳动保障法律监督员，这既加大了工会劳动法律监督的力度，又弥补了劳动行政监察力量的不足，取得了很好的效果。

（二）工会劳动法律监督员的职责

工会劳动法律监督员的职责是根据工会劳动法律监督委员会的要求，对用人单位执行劳动法律法规的情况进行监督。根据《工会劳动法律监督办法》，监督员有权对用人单位执行劳动法律法规的情况进行调查，这既是一项权利，也是一种责任。

（1）监督员要尽职尽责地进行监督工作，进行经常性的调查；在调查发现问题后，要及时向用人单位指出并提出整改意见；同时，要监督整改的情况，对用人单位不改正或者违法情况严重的，则应向上级工会及政府有关部门报告，请求迅速查处或支持职工依法举报、申请仲裁或者起诉。

（2）监督员应对职责范围内发生的问题进行统计、分析，建立相应的档案备查，并向工会劳动法律监督委员会报告。

（3）监督员在行使职权、履行职责时，也应承担相应的义务，如对用人单位进行监督时应不少于两名监督员，应保守用人单位的商业秘密等。

（三）工会劳动法律监督员的管理

工会劳动法律监督员是监督工作的具体执行者，能否尽职尽责，关系到工会劳动法律监督工作的成效。因此，对于监督员队伍应当加强管理，包括组织管理、工作监督、培训教育、考核与奖惩等内容。

1. 组织管理。

工会劳动法律监督员的管理由工会劳动法律监督委员会具体负责。根据监督员应具备的条件选择、聘任监督员，同时报上一级工会劳动法律监督委员会审批，合格者发给《工会劳动法律监督员证》。监督员证书由中华全国总工会统一监制。监督员证是监督员行使监督职权的依据凭证，必须持证监督检查。

工会劳动法律监督员对所属的监督委员会负责，接受其监督管理。监督委员会对按规定聘任的监督员应建立相应的档案并向上级监督委员会报备。

2. 工作监督。

工会劳动法律监督委员会应当制定相应的监督检查工作制度，明确监督员的责任、权利、义务，并监督其履行职责。

监督员应定期向监督委员会报告工作，对发现的问题进行分析研究，确定处理方案。监督员应持监督员证进行监督工作，在执行任务时，应将调查结果如实记录，经用人单位核阅后，由监督员和用人单位签名盖章，用人单位拒绝签名或盖章的，应在记录上说明。对于监督检查中发现违反劳动法律法规的问题，应当向用人单位指出并提出整改意见。用人单位拒绝接受或情节严重的应报告监督委员会，提出书面处理意见。监督员要加强信息工作，注意信息、资料的收集、交流和使用，利用信息反馈网络有效开展工会劳动法律监督工作。

3. 培训教育。

工会劳动法律监督委员会应当加强对监督员的培训和教育，包括系统培训、专业培训和经常性教育。

培训工作主要由县级以上工会劳动法律监督委员会负责。应制订培训计划，对监督员进行系统轮训，主要是加强劳动法律法规及相关法律知识的培训。

4. 考核与奖惩。

为激励工会劳动法律监督员的积极性，规范他们的监督行为，应建立对监督员的系统考核与奖惩制度。主要是由聘任机构对监督员的工作实绩进行定期考核、评价。对于工作成绩突出的，应当给予表彰奖励。对于不履行监督职责或不称职的，应予以警告，严重失职的，应取消其监督员的资格，并收回监督员证；对于玩忽职守、滥用职权、违法乱纪的，应撤销其监督员资格，视其造成的后果给予相应的处分，构成犯罪的则依法追究其刑事责任。

三、工会劳动法律监督的工作制度

工会劳动法律监督不是一般的、无序的群众监督，而是法律授权的、有组织的社会监督。因此，工会劳动法律监督工作应依照法律、法规规定，按照一定的原则、程序，遵循一定的制度有序进行。

（一）接受职工举报、立案、登记制度

认真倾听职工反映的情况和意见，进一步调查核实情况，这是进行劳动法律监督的一项基础性工作，是开展工会法律监督的第一步。为此，必须建立与其相关的各项制度，如：职工来信来访接待制度；职工举报和申诉的登记、管理及回复制度；立案及结案制度；信件批转、呈递制度；等等。

（二）监督检查制度

建立监督检查工作制度，确定监督检查的范围、内容、时间和方式，以及明确专项监督检查的内容与专项检查人员。

（三）情况报告制度

情况报告制度是工会劳动法律监督工作的重要内容之一。建立报告制度可以使各级工会组织及时了解劳动法律法规的遵守执行情况，了解劳动者合法权益实现及遭到侵害的情况，从而采取相应对策，发挥工会组织的作用，履行工会的职责。

情况报告制度包括工会劳动法律监督员的工作报告、情况报告制度，工会劳动法律监督委员会向同级工会及上级工会劳动法律监督委员会的工作报告、情况报告制度，还包括重大、疑难案件的报告、举报制度等。

（四）参与处理制度

工会劳动法律监督委员会虽然不具有行政处罚、司法审判的权力，不能单独、直接地处理违法行为和责任人员，但依法有权参与对违反劳动法律法规情况的处理。工会对违反劳动法律法规情况的问题提请相关部门处理后，有权参与、参加处理工作，提出处理意见和建议，并可对不合理的处理意见提出异议等。参与处理包括直接参加处理和间接参加处理两种方式，要依照相关工作制度进行。

（五）督促落实和整改制度

对用人单位存在问题所提出的整改意见以及其他部门的处理决定和整改意见，都存在一个监督、督促用人单位落实的问题，工会劳动法律监督委员会对此负有十分重要的责任。为此，建立督促落实和整改制度十分重要，有助于督促被监督者切实纠正违法行为，并采取相应的措施和建立必要的制度防止类似问题的再次出现，使劳动法律监督工作落到实处。

具体做法可分为两个方面：一是监督过程中所出现的问题

向用人单位行政提出具体的整改意见，可以采取“两书”、协商会议等形式，督促用人单位及时采取措施解决，并建立企业行政及时反馈的相关制度；二是用人单位对工会劳动法律监督委员会的意见置之不理，则工会劳动法律监督委员会有权提请政府劳动监察及有关部门进行检查和进行处罚。对于劳动部门的处理措施、决定，工会劳动法律监督委员会也应当监督用人单位认真落实和执行，并将有关情况及时反馈到上级工会和政府劳动部门。

（六）统计分析和信息交流制度

工会劳动法律监督统计工作是指工会法律监督机构对监督对象、监督工作各项指标进行的搜集、整理、分析和总结。统计分析和信息交流可以为研究推进劳动法律监督提供数据支撑。

建立工会劳动法律监督统计分析制度，一是建立统计指标，如开展监督的用人单位数量，用人单位职工数量，用人单位违反劳动法律法规受到查处的数量等；二是建立具体的资料情况收集制度、统计分析制度，对调查的资料情况进行研究、综合分析；三是加强信息交流等制度，包括工会内部的交流、与劳动行政部门的劳动监察机构的信息交流，以及向党委、政府和上级工会报告等。

第三节 工会劳动法律监督与国家劳动法律监督的关系

工会劳动法律监督是整个劳动法律监督体系的有机组成部分，与国家的劳动法律监督及其他的社会监督相互配合、相互联系。

一、国家劳动法律监督与社会劳动法律监督的关系

国家劳动法律监督包括国家最高权力机关，即全国人民代表大会及其常务委员会进行的执法监督检查；国家行政机关，如人力资源和社会保障部、国家卫生健康委员会、应急管理部等职能部门依照其职能进行的执法检查、监察和处罚；检察机关、审判机关对于违反劳动法律法规情节严重的依法进行的起诉、审判和制裁。

社会劳动法律监督十分广泛，包括各政党、社会团体、群众组织、企事业单位、新闻媒体以及个人等，都是社会监督的主体。工会是重要的社会团体之一，是社会劳动法律监督的重要主体。

国家劳动法律监督和社会劳动法律监督构成一个完整的劳动法律监督体系，两者存在着密切的联系，缺一不可。

国家劳动法律监督是劳动法律监督的基本形式，是维护劳动法制的基本保证，而社会劳动法律监督则是国家监督的重要基础。社会监督以其民主性强、内容广泛等优势而成为劳动法律监督体系的重要组成部分，发挥着不可忽视的作用。

社会监督为国家监督的实现创造条件。这表现为社会监督为国家监督提供信息、意见、舆论支持。社会团体和全体公民通过各种途径和形式向国家监督机关反映立法、执法和实施法律活动的各种情况，包括正确的评价和偏差的信息。

国家监督和社会监督在一定条件下可以相互转化。在此时此地为国家监督的形式，在彼时彼地可能成为社会监督，反之亦然。即使在两种监督形式确定的情况下，当社会监督各类主体的主张为国家监督主体接受之后，就会使社会监督转化为国家监督。社会监督转化为国家监督的另一种情况，是社会监督主体在国家依法授权的情况下开展的法律监督，就会直接转化为国家法律监督。

二、工会劳动法律监督与立法机关监督的关系

工会在劳动法律监督过程中发现带有普遍性、规律性的问题，特别是由于法律法规自身的不足造成的问题，可以向立法机关反馈并提出相应的立法建议、议案。通过工会的反馈，立法机关可以及时地发现问题，采取必要措施，推进立法，完善劳动法律法规。

立法机关是国家的权力机关，立法机关有权制定法律法规，也有权监督检查所制定的法律法规的具体执行情况。工会可以建议人大对劳动法律法规执行过程中的特定问题进行调查，县级以上工会可以参加同级人大组织的劳动法律法规执法检查。实践证明，人大劳动法律监督与工会劳动法律监督之间的关系是相辅相成、相互支持的。人大监督支持和强化了工会劳动法律监督，而工会劳动法律监督则为人大的劳动法律监督提供了广泛的群众基础，同时也彰显工会劳动法律监督的重要性。

三、工会劳动法律监督与行政执法监督的关系

《劳动法》规定，“国务院劳动行政部门主管全国劳动工作。县级以上地方人民政府劳动行政部门主管本行政区域内的劳动工作”。各级政府劳动行政部门是我国劳动法律的主要行政执法机关。在我国劳动法律监督体系中，政府部门的劳动执法占有十分重要的位置。

劳动行政监督即劳动保障监察工作坚持有法必依、执法必严、违法必究，以事实为依据、以法律为准绳的原则，体现了政府监督的严肃性、权威性；工会劳动法律监督工作遵循依法监督、实事求是、依靠群众、与有关部门密切配合的原则，体现了群众性、合作性。

劳动保障监察工作要求依照严格的权限、程序进行；而工

会劳动法律监督工作则要求灵活多样、及时简便。

工会劳动法律监督与政府劳动保障监察两者既相互独立又相互依赖、既相互联系又有科学分工，在一定程度上还可以相互转化。工会劳动法律监督组织应当积极主动地与劳动监察机构建立沟通联系，形成相互配合的工作机制，密切合作，使监督工作取得实效。

四、工会劳动法律监督与司法监督的关系

司法机关的劳动法律监督，人民法院主要通过对劳动争议案件的审理或发出司法建议进行；检察机关主要通过发出检察建议进行。

司法监督的具体形式有人民法院作为审判机关对违反劳动法律法规的案件作出审理；检察机关对人民法院审理有关劳动问题案件的监督和对有关单位、人员执行劳动法律法规情况的检察和对违法人员的起诉。

1. 工会劳动法律监督与审判机关劳动法律监督的关系。

基于人民法院审判监督的特性，工会劳动法律监督组织应当加强这方面的研究，充分利用法律赋予的权利，通过诉讼的手段纠正违反劳动法律法规的行为，维护劳动者的合法权益。应当使监督员充分掌握有关诉讼法律知识，在必要的时候支持、帮助职工提起诉讼或代理职工参与诉讼，同时监督人民法院依法公正审理各类案件。对于劳动行政机关及其他行政机关对职工作出的行政处罚决定，职工若认为确有错误可以向人民法院提起行政诉讼。对于职工与用人单位之间因劳动权利义务发生的争议，在仲裁裁决后职工不服的，可以支持职工提起劳动争议诉讼，等等。

2. 工会劳动法律监督与检察机关劳动法律监督的关系。

在司法监督中检察机关的监督尤为特殊，它一方面监督国家法律法规的执行，对违法犯罪行为人代表国家提起公诉，追

究其刑事责任；另一方面还监督审判机关依法行使审判权，保证执法公正。在劳动关系领域也具有同样的作用，如在《企业职工伤亡事故报告和处理规定》中就明确规定了人民检察院的职责，要求派员参加事故调查组。《劳动法》第一百零三条规定："劳动行政部门或者有关部门的工作人员滥用职权、玩忽职守、徇私舞弊，构成犯罪的，依法追究刑事责任；不构成犯罪的，给予行政处分。"第一百零四条规定："国家工作人员和社会保险基金经办机构的工作人员挪用社会保险基金，构成犯罪的，依法追究刑事责任。"《劳动合同法》第九十五条规定："劳动行政部门和其他有关主管部门及其工作人员玩忽职守、不履行法定职责，或者违法行使职权，给劳动者或者用人单位造成损害的，应当承担赔偿责任；对直接负责的主管人员和其他直接责任人员，依法给予行政处分；构成犯罪的，依法追究刑事责任。"这里的构成犯罪追究刑事责任的条款，就是人民检察院行使公诉权的重要体现。

对于劳动争议案件的审判工作，人民检察院也有权进行监督，使审判机关依法公正判决。工会劳动法律监督组织应当与检察机关建立联系，主动反映情况，请求支持和帮助。对于行政机关工作人员、用人单位的管理人员违反劳动法律法规，侵犯职工人身、财产权利构成犯罪的，应当建议检察机关提起公诉，依法追究其刑事责任。

思考题：

1. 工会劳动法律监督的作用是什么？
2. 工会对用人单位的劳动法律监督有哪些内容？
3. 工会劳动法律监督组织和监督员的职责是什么？
4. 工会劳动法律监督与劳动保障监察有什么不同？

第四章　工会劳动争议预防和处理工作

劳动争议是指劳动关系当事人之间因劳动权利和义务产生分歧而引起的争执。劳动争议当事人一方为用人单位，另一方为劳动者。劳动争议必须与劳动权利和义务有关，这是区别于其他争议的本质特征。

根据《劳动争议调解仲裁法》第二条的规定，劳动争议的内容主要包括：因确认劳动关系发生的争议；因订立、履行、变更、解除和终止劳动合同发生的争议；因除名、辞退和辞职、离职发生的争议；因工作时间、休息休假、社会保险、福利、培训以及劳动保护发生的争议；因劳动报酬、工伤医疗费、经济补偿或者赔偿金等发生的争议；法律、法规规定的其他劳动争议。

劳动争议根据当事人人数多少的不同，可分为个人争议和集体争议。个人争议是指劳动者个人与用人单位之间发生的劳动争议；集体争议是指劳动者一方在 10 人以上（含 10 人）并有共同请求的争议。工会代表职工与用人单位因签订、履行集体合同发生的争议属集体争议。

作为一项重要的劳动法律制度，劳动争议处理的程序性规定包括：《劳动法》、《工会法》、《民事诉讼法》、《劳动争议调解仲裁法》、《劳动人事争议仲裁办案规则》、《劳动人事争议仲裁组织规则》、《企业劳动争议协商调解规定》、《最高人民法院关于审理劳动争议案件适用法律问题的解释（一）》等法律、法规、规章、司法解释和地方性法规等。

用人单位与劳动者发生劳动争议，当事人可以依法通过协商、调解、仲裁和诉讼程序解决；工会则承担着做好预防、参与协商、参与调解、参加仲裁或诉讼活动的重要职责。加强工会劳动争议预防和处理工作，不仅有利于及时化解矛盾纠纷，维护劳动争议当事人特别是职工当事人的合法权益，建立和谐的劳动关系，促进经济发展和社会稳定，同时也能有效地推进工会维权机制建设，在完善社会治理体系与提高社会治理水平中发挥工会的优势和作用。

第一节　工会开展劳动争议预防工作的意义与措施

劳动争议预防是指有关组织和个人，依法对劳动关系当事人之间可能产生的矛盾采取超前防范措施，以有效防止劳动争议发生的活动。劳动争议预防的特点有三个：一是超前防范性。针对可能引发劳动争议的矛盾和问题，通过多种形式主动协调，加强教育和规范，使矛盾不发生或将矛盾化解在萌芽状态。二是主体广泛性。劳动争议预防涉及诸多部门和人员，包括用人单位、劳动者、工会组织、劳动行政部门、企业代表组织、劳动争议处理机构，以及其他社会组织和人员。三是形式多样性。既有整体预防措施，又有具体预防手段，包括加强劳动立法、开展劳动法治宣传、进行劳动执法监督检查、建立集体合同制度、加强劳动合同管理、加强企业民主管理等。

一、工会开展劳动争议预防的意义

一是有利于保护劳动者的合法权益。目前，我国劳动争议绝大多数是因用人单位违反劳动法律法规，侵犯职工权益而引发的，工会加强劳动争议预防，可监督和指导用人单位依法用工，从而使劳动者权益免受侵害。

二是有利于企业发展。劳动争议不仅涉及职工切身利益，而且与企业利益密切相关。一旦发生争议，势必影响企业正常生产经营秩序。工会采取超前防范措施，可有效避免矛盾发生，促进企业生产发展。

三是有利于稳定劳动关系和社会秩序。劳动关系双方因存在利益差异，极易产生矛盾，一旦激化，势必影响社会稳定。工会采取积极预防措施，可最大限度减少摩擦，促进双方关系和谐，保持社会稳定。

四是有利于减轻当事人诉讼负担。劳动争议发生后，往往需要花费时间、精力去解决，有的还需经过较长的司法过程，极易造成当事人特别是劳动者精神压力和经济负担。工会通过积极预防，可有效避免争议发生，降低处理成本，减轻劳动者负担。

二、工会进行劳动争议预防的措施

（一）参与劳动立法和政策制定，开展劳动法治宣传教育

劳动法律法规是劳动争议预防的依据，工会参与劳动立法，可以从源头上有效预防劳动争议的发生。例如，参与制定工资支付、劳动合同、工伤保险等法律法规，从制度上遏制可能发生的劳动争议。

针对劳动关系的突出问题，提出工会的意见和主张，督促政府出台相关政策和规范性文件，防止某类劳动争议大面积发生。例如，参与相关政策制定，妥善解决用人单位整体拖欠职工劳动报酬和企业关停并转迁中的职工安置等问题。

开展劳动法治宣传教育，是预防劳动争议发生的重要手段

之一。工会可与政府有关部门等联手，通过普法宣传和劳动法律法规教育，提高用人单位和劳动者的劳动法律意识和劳动法治观念，引导双方尊法学法守法用法，避免劳动争议发生。例如，开展法律知识竞赛、法律咨询日、法治讲座等活动，送法下企业、下基层，设立专门窗口进行定点法律咨询，建立工会职工法律夜校或培训服务中心等。

（二）参与劳动法律法规执法检查，履行社会监督职能

工会参与劳动执法检查，对于维护职工合法权益，预防劳动争议发生，具有十分积极的作用。工会应针对劳动执法中的突出问题，配合人大定期开展劳动执法检查、参与政府劳动保障等部门的联合执法检查，多方联动，履行工会劳动法律监督职能，督促用人单位及时纠正劳动用工管理中的问题，使劳动法律法规得以贯彻落实，从而遏制劳动争议发生。

（三）建立平等协商和集体合同制度

工会可以就涉及职工切身利益等事项，与用人单位定期或不定期商谈，以便达成共识，使矛盾和问题及时得到解决，预防劳动争议发生。在平等协商的基础上，通过签订集体合同，把职工和企业可能发生的矛盾，转化为工会与企业须协商解决的问题，防止可能发生的劳动争议。实践证明，平等协商和集体合同制度是协调劳动关系，预防和减少劳动争议发生的有效方式。一些企业集体合同制度运行良好，劳动争议大幅下降，有的数年没发生过劳动争议，企业生产发展迅速。

（四）建立健全企事业单位民主管理制度

建立健全以职工代表大会为基本形式的企事业单位民主管理制度和厂务公开制度，加强民主管理，是预防劳动争议发生的又一有效形式。工会可通过参与企业规章制度等制定，参与企业涉及职工切身利益问题的重大决策。在公司制企业，通过

职工董事、职工监事，直接参与企业重大决策和监督，从源头上有效预防劳动争议的发生。同时，还可通过建立职工代表意见会、对话会、面谈等制度，加强劳动关系双方的沟通和协调，防止劳动争议发生。

（五）帮助指导劳动者签订劳动合同

劳动合同是劳动者与用人单位签订的，用以确定双方劳动关系，明确双方权利义务的协议。劳动合同的签订直接关系到职工的各项劳动权利包括劳动就业、劳动报酬、劳动安全卫生、社会保险等权利的实现，涉及许多法律法规上的问题。工会较职工更熟悉相关的法律法规，应参与用人单位劳动合同文本的制定，认真帮助、指导职工与用人单位签订、续订劳动合同，避免或减少劳动争议的发生。

（六）建立健全劳动争议（劳动关系）预警机制

劳动争议（劳动关系）预警机制是通过预测、预报、预警等综合性手段，预防重大突发性劳动争议发生的有效机制。工会应整合资源，注重发挥工会劳动关系监测点、工会各级劳动争议调解组织、劳动法律监督组织的预防功能，建立企业工会劳动争议信息员制度，推动建立劳动关系三方信息协调制度，以及三方共同负责，下至企业、上到地方的自下而上的劳动争议预警机制，通过预测、预报和预防等措施，有效排查劳动争议隐患，及时化解纠纷苗头。对可能引发群体性突发事件的重大问题，及时报上级工会和有关部门，积极采取应对措施，维护职工队伍和社会稳定。

第二节　工会参与劳动争议协商工作

劳动争议协商是指劳动者和用人单位因行使劳动权利、履行劳动义务而发生争议后，双方当事人就解决争议，化解矛盾，协调劳动关系共同进行商谈，以便达成和解协议的行为。协商的特征是：双方自愿、相互信任和尊重、程序简便快捷。不愿协商或者协商不成的，当事人可以依法申请调解或仲裁。

《劳动争议调解仲裁法》第四条规定，发生劳动争议，劳动者可以与用人单位协商，也可以请工会或者第三方共同与用人单位协商，达成和解协议。实践中，工会参与劳动争议协商或直接代表职工当事人进行协商，往往能够收到事半功倍的效果。因签订或履行集体合同发生争议的，工会和用人单位必须进行协商。

一、工会参与劳动争议协商的必要性

（一）工会的性质决定了其必须参与劳动争议协商

工会是中国共产党领导的职工自愿结合的工人阶级群众组织，是中国共产党联系职工群众的桥梁和纽带，其性质决定了工会必须代表和维护职工切身利益。职工与用人单位产生的劳动争议是影响职工切身利益的重要方面，如果这种矛盾不及时妥善解决，就会使职工利益受损。因此，工会必须主动参与劳动争议协商，把矛盾解决在初始阶段，维护职工合法权益。

（二）工会的职责决定了其必须参与劳动争议协商

《工会法》规定，维护职工合法权益、竭诚服务职工群众是工会的基本职责。随着改革开放不断深入和社会主义市场经济进一步发展，社会经济成分、组织形式、就业方式、利益关系和分配方式日益多样化，特别是经济关系、劳动关系日趋复杂，劳动关系矛盾日益凸显，工会协调劳动关系、维护职工合法权益任务更加突出，更加需要积极履行职责，发现争议，主动介入，代表职工参与劳动争议协商，及时、有效维护职工合法权益。

（三）工会参与劳动争议协商是职工的迫切需要

我国正处于转变发展方式、优化经济结构、转换增长动力的攻关期，劳动关系领域面临很多新情况新问题，劳动关系矛盾日益增多。一些企业经营者自身素质不高，法治观念淡薄，随意侵犯职工利益，劳动者明显处于弱势；一些劳动者法律意识不强，自我保护能力较弱，发生劳动争议后不敢或不善于与用人单位交涉，他们迫切希望工会能代表其进行协商。这种现状充分反映了职工对工会的信赖和需求，决定了工会在参与劳动争议协商中不可替代的地位和不可推卸的责任。

（四）参与劳动争议协商是工会加大基层劳动争议处理工作的需要

工会代表职工参与劳动争议协商，是及时化解矛盾，协调劳动关系的有效途径，也是贯彻以“基层为主”方针的必然要求。随着劳动争议处理立法的不断完善，工会与用人单位就解决劳动争议进行具体协商的制度将进一步规范，更多的劳动争议可望通过协商程序，最大限度在用人单位内部、在基层及时得到解决，工会在劳动争议协商中的作用会越来越大。

（五）工会参与劳动争议协商是改革、发展、稳定大局的需要

在我国社会主义市场经济体制建立完善的历史进程中，工会肩负着重要使命。改革是为了发展，发展需要稳定，稳定促进改革与发展，三者缺一不可。工会通过参与劳动争议协商，妥善处理劳动争议，可使大量争议及时化解，劳动关系得以调整，争议苗头得到预防，职工利益得到保护，企业生产得以发展，社会得以稳定，在营造良好的改革环境中发挥出应有的作用，促进改革顺利进行。

二、工会参与劳动争议协商的原则

依据《工会法》和《劳动法》的有关规定，工会参与劳动争议协商的原则如下。

（一）以代表和维护劳动者的利益为基本出发点

在参与劳动争议协商过程中，工会应当以劳动者的代表身份直接介入，表达职工当事人的要求，就解决双方劳动争议与用人单位交涉、协商，力求矛盾妥善解决，保护劳动者合法权益。

（二）以协调和稳定劳动关系，促进企业发展为根本目的

劳动关系稳定与否，对于企业发展至关重要。工会参与劳动争议协商的根本目的，是通过妥善解决劳动争议，协调稳定劳动关系，促进企业发展。这是因为职工利益的获得最终取决于企业的发展。工会在参与劳动争议协商过程中，既要代表职工提出合理的要求，又要充分考虑企业状况和承受能力，力争在互谅互让基础上达成和解、化解矛盾。

（三）以国家法律法规为准绳和规范

在参与劳动争议协商过程中，工会必须严格执行国家法律、法规及有关政策，针对争议涉及的主要问题，提出切实可行的和解方案，使职工合法权益在法律、法规和政策范围内，得到充分、有效的维护。

三、工会参与劳动争议协商的方式

工会参与劳动争议协商的方式通常有三种。

（一）劳动者主动要求

劳动者可以要求所在企业工会参与或者协助其与企业进行协商，工会就解决争议与用人单位交涉、协商，提出处理意见，

促使劳动争议在较短时间、较小范围内，经双方共同努力，求得较为圆满的解决。

(二) 工会主动参与协商处理

如通过信息反馈制度发现争议情况后，主动介入，自觉代表职工当事人与用人单位进行协商，使争议及时化解。或通过协商机制进行协商。

(三) 通过企业建立的协商会议和平等协商制度进行协商

对发生的劳动争议特别是集体合同争议，工会应当及时与用人单位沟通情况，召开协商会议，对具体争议进行分析，提出可行性处理意见，共商解决办法，并对争议的预防达成共识，作出具体规定。

与此同时，还应督促和解协议履行。和解协议是劳动争议当事人双方在平等、自愿、协商一致的基础上，就妥善解决矛盾作出的双方共同遵守执行的和解承诺。和解协议对当事人双方均具有行为约束力，当事人都应当自觉履行。工会应做好督促落实工作，以利和解协议得到全面、正确履行。因签订或履行集体合同发生争议经协商达成的协议书，对用人单位和用人单位全体劳动者具有法律约束力，双方应共同遵守。

2022 年，人社部、中央政法委、最高人民法院、全国总工会等九部门联合印发《关于进一步加强劳动人事争议协商调解工作的意见》，强调坚持以习近平新时代中国特色社会主义思想为指导，贯彻落实党的二十大提出的新任务、新要求，对强化协商和解提出三项具体举措：一是指导用人单位建立内部协商机制，建立健全沟通对话机制，畅通劳动者诉求表达渠道，指导用人单位完善内部申诉、协商回应制度，及时回应劳动者协商诉求。二是协助开展劳动人事争议协商。要求工会组织统筹劳动法律监督委员会和集体协商指导员、法律援助志愿者队伍等资源力量，推动健全劳动者申诉渠道和争议协商平台，帮助劳动者与用人单位开展劳动人事争议协商，做好咨询解答、释法说理、劝解疏导、促成和解等工作。各级地方工会可设立劳动人事争议协商室，做好劳动人事争议协商工作。企业代表组织指导企业加强协商能力建设，完善企业内部劳动争议协商程序。鼓励、支持社会力量开展劳动人事争议协商咨询、代理服务工作。三是强化和解协议履行及其效力。要求工会组织主动引导劳动者与用人单位签订和解协议，推动和解协议履行、主动做好引导申请调解等工作；明确和解协议在仲裁、诉讼活动中的效力。

第三节　工会参与劳动争议调解工作

劳动争议调解是指在劳动争议调解组织的主持下，依照法律、法规和政策，在查明事实、明辨是非、分清责任的基础上，通过协商，使劳动争议双方当事人互谅互让，自愿达成协议，从而解决劳动争议的法律制度。

《劳动争议调解仲裁法》第十条规定：“发生劳动争议，当事人可以到下列调解组织申请调解：（一）企业劳动争议调解委员会；（二）依法设立的基层人民调解组织；（三）在乡镇、街道设立的具有劳动争议调解职能的组织。”根据现行法律规定，企业可以设立劳动争议调解委员会，解决企业内部的劳动争议，由工会成员或者双方推举的人员担任调解委员会主任。经调解达成的调解协议书，双方当事人应当自觉履行。此外，依法设立的基层人民调解组织、在乡镇（街道）设立的具有劳动争议调解职能的组织可以调解本区域内发生的劳动争议。

调解是处理劳动争议的法定程序，在劳动争议处理中具有“第一道防线”的功能。通过调解，可以使大量劳动争议化解在基层，促进企业劳动关系的和谐，建立正常的生产经营秩序，创造良好的社会环境，维护大局稳定。工会在劳动争议调解工作中负有重要职责，值得注意的是，工会在劳动争议调解组织中并非客观中立的第三方角色，工会代表职工一方，其职责是维护职工合法权益。

一、工会在劳动争议调解工作中的地位

根据《工会法》、《劳动法》、《劳动合同法》、《劳动争议调解仲裁法》、《企业劳动争议协商调解规定》等法律、法规和规章规定，工会在劳动争议调解中的地位是：劳动争议调解工作的指导者、劳动争议调解委员会的参与者、劳动争议的协调解决者。

（一）劳动争议调解工作的指导者

工会依法对劳动争议调解工作进行全面指导。包括：上级工会对下级工会劳动争议调解工作的指导；地方工会（产业工会）对企业工会劳动争议调解工作的指导；全国总工会对全国工会劳动争议调解工作的指导等。指导方式包括：调查研究、专题研讨、下发指导意见、组织经验交流和表彰等。指导内容全面，既包括劳动争议调解组织建设和制度建设，也包括劳动争议调解在适用法律和工作方法方面的指导。

（二）劳动争议调解委员会的参与者和劳动争议的协调解决者

工会代表依法参加劳动争议调解委员会工作，参与对劳动争议的调解。包括：企业工会代表、地方和产业工会的代表担任劳动争议调解委员会主任、副主任或委员，参加劳动争议调解委员会的工作，依法调解本单位、本区域、本行业内的劳动争议。调解委员会中的工会代表依法享有调查权、调解权、要求处理权、协调处理权、宣传教育权等。

二、工会在劳动争议调解中的职责和作用

（一）督促、帮助企业依法建立劳动争议调解委员会

企业劳动争议调解委员会是企业设立的调解本企业内部劳动争议的调解组织。大中型企业应当依法设立调解委员会，并配备专职或者兼职工作人员。有分公司、分店、分厂的企业，可以根据需要在分支机构设立调解委员会。总部调解委员会指导分支机构调解委员会开展劳动争议预防调解工作。调解委员会可以根据需要在车间、工段、班组设立调解小组。小微型企业可以设立调解委员会，也可以由劳动者和企业共同推举人员，开展调解工作。企业劳动争议调解委员会由职工代表和企业代表组成。职工代表由工会成员担任或者由全体职工推举产生，企业代表由企业负责人指定。企业劳动争议调解委员会主任由工会成员或者双方推举的人员担任。调解委员会组成人员的具体人数由双方协商确定，双方人数应当对等。女职工人数较多的企业，调解委员会成员中应当有女职工代表。

企业工会应当向企业和职工宣传劳动法律法规，提高其对劳动争议调解重要性的认识，主动就设立劳动争议调解委员会与企业协商，达成共识，并帮助解决设立过程中的具体问题。上级工会要与企业工会密切配合，督促企业依法建立劳动争议调解委员会，积极开展调解和预防工作。

（二）参加劳动争议调解委员会工作

企业劳动争议调解委员会履行的职责包括：宣传劳动保障法律、法规和政策；对本企业发生的劳动争议进行调解；监督和解协议、调解协议的履行；聘任、解聘和管理调解员；参与协调履行劳动合同、集体合同，执行企业劳动规章制度等方面出现的问题；参与研究涉及劳动者切身利益的重大方案；协助

企业建立劳动争议预防预警机制。

（三）推动建立区域性、行业性劳动争议调解组织

根据当前劳动争议调解工作实际，在工会组织大力推动下，一些地区和行业按照行政区划和产业系统分别设立了区域性、行业性劳动争议调解组织。这些劳动争议调解组织一般设在小型企业比较集中、劳动争议多发的市、县、乡镇、街道、社区和行业，主要由同级地方或产业工会、劳动行政部门、用人单位代表组织按照“三方原则”组成，有的还吸收司法行政等部门参加。负责调解本区域和本行业内未建立劳动争议调解委员会的企业发生的劳动争议，跨企业的劳动争议，以及企业调解委员会难以调解的劳动争议，并指导基层劳动争议调解工作。区域性、行业性劳动争议调解组织的设立，扩大了调解工作覆盖面，增强了调解的权威性和公信度，调解成效显著。

（四）培训劳动争议调解工作人员

劳动争议调解组织的调解员应当由公道正派、联系群众、热心调解工作，并具有一定法律知识、政策水平和文化水平的成年公民担任。调解员应当履行的主要职责包括：关注本企业劳动关系状况，及时向调解委员会报告；接受调解委员会指派，调解劳动争议案件；监督和解协议、调解协议的履行；完成调解委员会交办的其他工作。工会应当做好劳动争议调解委员会委员、劳动争议调解员的培训工作，提高劳动争议调解委员会调解的法律水平和工作能力。

（五）参与集体劳动争议调解

发生集体劳动争议，用人单位工会应当及时向上级工会报告，依法参与处理。工会参与处理集体劳动争议，应积极反映职工的正当要求，维护职工合法权益。因集体劳动争议导致停工、怠工事件，工会应当代表职工同企业、事业单位、社会组

织或者有关方面协商，反映职工的意见和要求并提出解决意见，协商不成的，按集体劳动争议处理程序解决。因签订和履行集体合同发生争议，用人单位工会可以就解决争议问题与用人单位平等协商。因签订集体合同发生争议，当事人双方协商解决不成的，用人单位工会应当提请上级工会协同政府劳动行政部门协调处理。

三、工会参与劳动争议调解的主要任务

矛盾纠纷多元化解机制改革是党的十八届四中全会确定的一项重要改革任务。《中共中央关于全面推进依法治国若干重大问题的决定》明确提出，我国要推进和完善矛盾纠纷多元化解机制，健全社会矛盾纠纷多元预防调处化解综合机制。2015年，中共中央办公厅、国务院办公厅印发了《关于完善矛盾纠纷多元化解机制的意见》，提出工会要督促、帮助企业依法建立劳动争议调解委员会；指导推动乡镇（街道）、行业性劳动争议调解组织；依托工会职工服务平台建立健全劳动争议调解中心（工作室）；积极接受劳动人事争议仲裁委员会或法院委托，调解劳动争议或参与仲裁调解、诉讼调解工作。

2017年，全国总工会与人力资源社会保障部、最高人民法院等八部门联合印发《关于进一步加强劳动人事争议调解仲裁完善多元处理机制的意见》，指导各地普遍建立党委领导、政府主导、政法协调、人社部门牵头，工会等各有关部门（系统）积极发挥职能作用的争议处理机制，进一步细化了工会参与劳动争议调解的主要任务：健全劳动人事争议预防协商解决机制。加大工会参与协商力度，引导支持用人单位与职工通过协商解决劳动人事争议；积极推动企业劳动争议调解委员会建设，指导推动建立行业性、区域性调解组织，重点在争议多发的制造、餐饮、建筑、商贸服务以及民营高科技等行业和开发区、工业

园区等区域建立调解组织；加强事业单位及其主管部门调解组织建设，重点推动教育、科技、文化、卫生等事业单位及其主管部门建立由人事部门代表、职工代表、工会代表、法律顾问等组成的调解组织；建立健全集体劳动争议应急调解机制，发生集体劳动争议时，人力资源社会保障部门要会同工会、企业代表组织及时介入，第一时间进行调解，调解不成的及时引导当事人进入仲裁程序；加强调解仲裁队伍建设。企业劳动争议调解委员会要配备一定数量的专兼职调解员，鼓励企业人力资源、法务、工会部门工作人员参与调解工作；注重从工会、企业代表组织以及其他社会组织中聘用兼职仲裁员；工会、企业代表组织要发挥代表作用，引导支持企业守法诚信经营、履行社会责任，依法设立劳动争议调解委员会，建立健全用人单位内部争议解决机制，教育引导职工依法理性维权。《关于进一步加强劳动人事争议协商调解工作的意见》对加强劳动人事争议调解提出四点工作举措：一是推进基层劳动人事争议调解组织建设。要求大中型企业普遍建立劳动争议调解委员会，建立健全以乡镇（街道）、工会、行业商（协）会、区域性等调解组织为支撑、调解员（信息员）为落点的小微型企业劳动争议协商调解机制。二是建设市、县级劳动人事争议仲裁院调解中心和工会法律服务工作站。要求推动在有条件的市、县级劳动人事争议仲裁院内设调解中心和工会法律服务工作站，开展协商、调解和法律服务工作，建立常态化调裁、调诉对接机制。三是加强调解工作规范化建设。要求基层调解组织进一步落实调解组织和调解员名册制度，建立健全内部管理制度。四是加大调解服务供给。要求乡镇（街道）等调解组织发挥自身优势积极化解劳动人事争议，引导和规范社会力量积极有序参与调解。

第四节　工会参加劳动争议仲裁工作

仲裁是指发生争议的当事人自愿把争议提交第三方处理，由其作出判断和裁决。劳动争议仲裁是指劳动争议当事人依法将争议提交劳动争议仲裁委员会，由其对争议进行处理、裁决的法律制度。劳动争议发生后，依照现行法律的规定，当事人可以向劳动争议调解委员会申请调解；调解不成的，可以向劳动争议仲裁委员会申请仲裁。当事人也可以不经过调解直接申请仲裁。劳动争议申请仲裁的时效期间为一年。仲裁时效期间从当事人知道或者应当知道其权利被侵害之日起计算。劳动争议仲裁是劳动争议提起诉讼的前置程序。

一、工会在劳动争议仲裁中的地位

《劳动争议调解仲裁法》第十九条规定："劳动争议仲裁委员会由劳动行政部门代表、工会代表和企业方面代表组成。"这一规定体现了国际通行的劳动争议仲裁三方性原则，表明工会在劳动争议仲裁中的重要地位。工会作为职工利益的代表者，参加劳动争议仲裁委员会，参与劳动争议仲裁，有利于在仲裁程序中反映职工的利益要求，发表工会的意见，保护弱势一方劳动者的合法权益，促使劳动争议得到公正合理的解决。

二、工会参加劳动争议仲裁的职责和作用

（一）担任劳动争议仲裁委员会副主任和委员，参与处理所辖范围内的劳动争议案件

工会代表参加劳动争议仲裁委员会，有利于仲裁委员会听取工会意见，发挥工会协调劳动关系的作用。工会代表作为仲裁委员会成员，依法履行下列职责：参加仲裁委员会会议；对

仲裁裁决意见行使表决权。参与研究处理有重大影响和仲裁庭提交的疑难案件，参与审查、批准案情复杂、需要延期处理的案件；对应当受理而未受理的案件，有权提请仲裁委员会受理。对已经发生法律效力的仲裁裁决发现确有错误，需要重新处理的，有权要求仲裁委员会主任提交仲裁委员会重新处理；对受理的集体劳动争议及本地区有影响的个人劳动争议案件，及时向本级及上级工会书面报告；等等。

（二）应聘担任兼职仲裁员，办理劳动争议案件

根据《劳动争议调解仲裁法》第二十条的规定，具有法律知识、从事人力资源管理或者工会等专业工作满五年的，可以应聘担任仲裁员。《劳动人事争议仲裁组织规则》第十九条规定，仲裁委员会应当依法聘任一定数量的专职仲裁员，也可以根据办案工作需要，依法从干部主管部门、人力资源社会保障行政部门、军队文职人员工作管理部门、工会、企业组织等相关机构的人员以及专家学者、律师中聘任兼职仲裁员。工会工作者被劳动争议仲裁委员会聘为兼职仲裁员的，所在单位对其参加仲裁活动应给予支持。在执行仲裁公务时其与专职仲裁员享有同等权利。工会兼职仲裁员通过以下形式办理劳动争议案件。

（1）参加仲裁庭办理劳动争议案件。仲裁庭由一名首席仲裁员、两名仲裁员组成。工会兼职仲裁员经仲裁委员会指定可担任首席仲裁员，也可经指定或当事人选定担任仲裁员。

（2）独任办理劳动争议案件。即经仲裁委员会指定，对事实清楚、情节简单，适用法律明确，比较容易处理的案件，可由工会兼职仲裁员独任承办。

（3）工会兼职仲裁员也可在仲裁委员会设立在工会的派出仲裁庭中从事专职办案工作。

三、工会参加劳动争议仲裁应遵循的原则

（一）全面参与原则

全面参与包括全方位、全过程参与。全方位即指工会应参与劳动争议仲裁委员会或仲裁庭的各项活动，包括接受仲裁委员会或仲裁庭委托调解劳动争议案件；全过程即指工会应参与仲裁案件处理活动整个过程。

（二）维护职工当事人合法权益原则

工会作为职工利益代表者参与劳动争议仲裁，应当在法律法规规定的范围内，充分发表有利于职工当事人的意见，切实维护职工当事人合法权益。

（三）以事实为依据，以法律为准绳的原则

工会应贯彻实事求是方针，依法履行仲裁职责，对职工当事人不符合法律法规的意见、要求和行为，不能偏袒，坚持对当事人双方在适用法律上一律平等。

第五节　工会在劳动争议诉讼中的作用

劳动争议诉讼是指当事人不服劳动争议仲裁裁决、决定或通知提起诉讼后，人民法院依法对劳动争议案件进行审理的司法制度。人民法院审理劳动争议案件适用民事诉讼普通程序，即两审终审制。

一、工会在劳动争议诉讼中的地位

《工会法》第二十一条规定，因履行集体合同发生争议，经协商解决不成的，工会可以向劳动争议仲裁机构提请仲裁，仲裁机构不予受理或者对仲裁裁决不服的，可以向人民法院提

起诉讼。第二十二条规定，职工认为用人单位侵犯其劳动权益而申请劳动争议仲裁或者向人民法院提起诉讼的，工会应当给予支持和帮助。第三十条规定，县级以上各级总工会依法为所属工会和职工提供法律援助等法律服务。在劳动争议诉讼中，工会为劳动争议职工当事人提供法律帮助，最能体现职工合法权益代表者和维护者的身份和地位。

二、工会在劳动争议诉讼中的职责

（一）支持帮助职工当事人起诉

在参与劳动争议处理中，支持帮助职工当事人提起诉讼，不仅是《工会法》赋予工会的一项重要职责，同时也符合《民事诉讼法》对社会团体支持本团体中权益受到侵害的单位或个人向人民法院提起诉讼的规定。工会应当根据案情，支持和帮助权益受到侵害的劳动争议职工当事人依法行使诉讼权。起诉权是公民的基本权利，当职工合法权益受到侵害、不服仲裁裁决时，有权向人民法院提起诉讼。由于劳动争议职工当事人与用人单位存在隶属关系，处于弱势地位，往往因害怕不敢行使、不善于行使诉讼权利，贻误解决争议的有利时机。因此，工会给予其法律帮助，有利于案件依法及时解决，维护职工切身利益。

（二）接受职工当事人委托担任诉讼代理人

根据《民事诉讼法》的规定，劳动争议职工当事人可以委托律师或者其他人代理其参加诉讼活动。劳动争议职工当事人对仲裁委员会的书面裁决、决定或者通知不服的，可以自收到裁决、决定或通知之日起十五日内，向用人单位所在地或者劳动合同履行地的人民法院提起诉讼。工会可以接受职工当事人的委托，代理其参加诉讼活动。职工当事人委托工会做代理人，应提交授权委托书，工会在授权范围内代理诉讼。工会在这方面的工作主要包括以下几点。

（1）为不服仲裁裁决的职工当事人提供法律咨询和建议，代写起诉状。

（2）对职工当事人不服一审判决或裁定提出上诉的，在法定上诉期内为其代写上诉状。

（3）为不服终审判决或裁定的职工当事人代写申诉状，申请再审。

（4）在诉讼过程中为职工当事人代写答辩状，从事实和理由上反驳对方当事人的意见和主张。

（5）调查劳动争议案件有关事实，搜集对职工当事人有利的证据，对用人单位作出解除劳动合同、减少劳动报酬、计算劳动者工作年限等决定，职工或其直系亲属认为是工伤而用人单位不认为是工伤发生的劳动争议，要求用人单位承担举证责任。

（6）代理职工当事人参加法院组织的诉讼中调解，提出有利于职工当事人的调解意见和主张，促成双方当事人和解。

（7）代理职工当事人出庭，就案件事实和有关证据与对方当事人进行质证，依据有关法律法规阐述意见和主张，发表代理词等。

（三）督促生效法律文书的履行

劳动争议当事人对人民法院生效的判决、裁定、调解书，以及劳动争议仲裁裁决书和仲裁调解书必须履行。一方到期不履行的，对方当事人可以向人民法院申请强制执行。工会也可以帮助职工当事人向人民法院提出申请，请求人民法院予以强制执行。人民法院在收到申请执行书后的十日内发出执行通知，责令被执行人履行义务。劳动争议案件的执行标的包括：职工工资、其他劳动报酬和津贴；职工社会保险待遇和其他福利待遇；用人单位或职工违反劳动合同和其他法律、法规、政策，给对方造成的经济损失和经济补偿和必须履行的行为；等等。

对于劳动争议职工当事人胜诉的案件，工会应督促用人单位依法履行，并会同政府有关部门，对用人单位规章制度中不合理、不合法、不健全之处，提出意见建议，提高用人单位依法用工、依法管理的自觉性，制定相应措施，防止争议再度发生，使职工合法权益最终得到维护。

对于劳动争议职工当事人败诉的案件，工会应视不同情况分别对待。对于职工当事人确有错误而败诉的，应当说服其接受司法审判结果，自觉履行生效法律文书；对于生效判决或裁定确有错误的，支持职工当事人依法提出申诉。

（四）代表职工参加集体合同争议诉讼

集体合同争议是集体合同当事人对合同内容、履行情况和不履行产生的争议。《劳动法》第八十四条规定："因签订集体合同发生争议，当事人协商解决不成的，当地人民政府劳动行政部门可以组织有关各方协调处理。"即组织同级工会代表、企业方面的代表及其他有关方面的代表共同进行。"因履行集体合同发生争议，当事人协商解决不成的，可以向劳动争议仲裁委员会申请仲裁；对仲裁裁决不服的，可以自收到仲裁裁决书之日起十五日内向人民法院提起诉讼。"《工会法》第二十一条规定："因履行集体合同发生争议，经协商解决不成的，工会可以向劳动争议仲裁机构提请仲裁，仲裁机构不予受理或者对仲裁裁决不服的，可以向人民法院提起诉讼。"根据《工会法》的规定，对劳动争议仲裁机构不予受理的因履行集体合同发生的争议，工会可以直接向人民法院提起诉讼。集体合同不同阶段发生的争议，处理的程序是不同的，产生的法律后果也是不同的，工会在参与处理争议中的地位和作用也是不同的。

集体合同争议与一般劳动争议不同，诉讼主体一方为工会，另一方为用人单位。提起诉讼的争议内容，是应当履行的对用人单位及其所属全体职工都有约束力的劳动标准和劳动条件等。所说工会不仅指用人单位工会，还包括上级工会。在诉讼过程中，用人单位工会需要上级工会支持和帮助的，上级工会应当提供法律帮助，依法代表其参加诉讼活动。

三、工会参加劳动争议诉讼应注意的问题及法律责任

（一）工会应当接受劳动争议职工当事人的委托

劳动争议职工当事人提起诉讼时，请求工会给予支持和帮助、代理其参与诉讼活动的，工会应当接受其委托，不得放弃职守、塞责推诿。在诉讼过程中，应依法履行代理人职责，尽职尽责做好代理工作，切实维护职工当事人的合法权益。

（二）工会不得接受用人单位的委托

作为职工利益的代表者和维护者，工会在劳动争议诉讼中，不得接受用人单位的委托，代理其参加诉讼，与职工当事人对簿公堂。这是工会自身性质所决定的。如果工会不代表和维护职工当事人合法权益，反而接受用人单位委托参加劳动争议诉讼，与不法用人单位沆瀣一气，坑害职工当事人利益，就从根本上背离了工会的宗旨和任务，这是工会纪律绝不允许的。

（三）承担相应的法律责任

《工会法》第五十六条规定："工会工作人员违反本法规定，损害职工或者工会权益的，由同级工会或者上级工会责令改正，或者予以处分；情节严重的，依照《中国工会章程》予以罢免；造成损失的，应当承担赔偿责任；构成犯罪的，依法追究刑事责任。"

在劳动争议诉讼中，工会工作人员违反上述法律规定，接受用人单位的委托，代理其参加诉讼，与职工当事人对簿公堂，

侵害职工当事人合法权益的，同级工会或者上级工会应责令其改正；拒不改正、情节严重的，由同级工会或者上级工会予以处分，依照《中国工会章程》罢免其工会职务；给职工当事人造成损失的，依法承担民事赔偿责任；构成犯罪的，依法追究其刑事责任。

思考题：

1. 工会参与劳动争议处理的意义与作用是什么？
2. 为什么要强化劳动争议预防、调解工作？
3. 工会如何代理职工参与劳动争议诉讼工作？

第五章　工会法律服务工作

法律服务是法律工作领域的一种服务性活动。从广义上看，法律服务是指立法、执法、司法、普法相关国家机关以及具备相应条件的社会组织、法律工作者等机构和个人，为满足各类社会主体的法律服务需求所进行的一系列活动。从狭义上看，法律服务特指公共法律服务，是在党委领导、政府主导、社会参与下，以满足相关主体法律需求为目的，所专门提供的公共法律服务设施、产品和活动，包括法律宣传、法律援助、法律顾问、人民调解、司法鉴定等服务事项。工会法律服务是法律服务的一种具体表现形式，是以工会组织名义从事的公共法律服务活动，主要是指县级以上各级总工会通过一定的法律途径和形式，为职工、工会工作者和工会组织提供的法律帮助。

工会法律服务是综合性的、多层次的工作体系，涉及工会法律工作多个领域，其中最为主要的是工会法律援助。党的十八大以来，习近平总书记多次作出指示，要求深化公共法律服务体系建设，加快整合法律服务资源，特别强调加大对困难群众维护合法权益的法律援助，在不断扩大法律援助范围的基础上，紧紧围绕经济社会发展的实际需要，注重提高法律援助的质量。法律援助是国家法律援助机构为经济困难的公民提供无偿法律咨询、代理、刑事辩护等法律服务，以及社会团体、事业单位等社会组织利用自身资源为其所对应社会群体提供无偿法律服务的制度。工会法律援助是国家法律援助体系的组成部分，是政府法律援助的必要补充。2021 年，第十三届全国人民代表大会常务委员会第三十次会议通过《中华人民共和国法律援助法》，首次从国家法律层面对法律援助工作的基本原则和运行机制作出全面系统规范，明确了法律援助是公共法律服务体系的组成部分，确立了工会等群团组织在法律援助工作中的职责和定位。

第一节　工会法律服务的含义、依据和形式

一、工会法律服务的含义

工会法律服务是指在党委领导和政府主导下、由县级以上总工会组织实施、以满足职工和所属工会法律需求为目标的一项基础性、服务性和保障性工作，旨在帮助职工群众和工会组织实现法定权益、依法协调解决相关领域矛盾纠纷、维护法律权威和社会公平正义。工会组织通过一定的途径和形式，为职工和所属工会提供法律服务，依法履行维权服务基本职责，对于提升职工群众法治获得感和满足感、加快推进工会工作法治化建设、更好维护劳动关系和谐稳定具有十分积极的意义。

工会法律服务是工会法律工作的一个重要方面，是工会履行维权服务职责的具体体现。从性质来看，工会法律服务是公共法律服务体系的一个组成部分，是工会协助党委和政府依法做好民生保障工作的有效举措。公共法律服务是一个综合概念，既包括政府直接提供和社会参与提供的基本公共法律服务，也包括各类法律服务机构和人员以市场化方式提供的多元性专业性法律服务。就工会法律服务而言，基于其主体性质、服务职责、运行机制等特点，应当纳入基本公共法律服务范畴，这就决定了工会开展法律服务工作必须面向特定群体、服务基本需求、体现公益特色。具体来说，工会法律服务是指县级以上总

工会组织及其法律工作部门、法律服务或法律援助机构，依法依规为劳动者、工会工作者、工会组织提供法律讲解、法律咨询等服务，为符合条件的职工当事人特别是确有经济困难的劳动争议案件或特殊案件的职工当事人，以及合法权益受到侵害的工会组织、工会工作者等，提供包括协商、调解、代书、代理或代为聘请律师等法律帮助。

从职能定位和运行方式来看，工会法律服务具有以下特性。

（一）法定性

对于工会组织而言，参与从事公共法律服务相关活动，既是一项法定职责，也是一项法定权利。《劳动法》、《劳动合同法》、《工会法》中均有专门条款，就工会法律服务工作相关内容作出规定，为工会开展法律服务工作提供了明确依据。工会开展法律服务工作，既离不开法律的保障与支持，也应当服从法律的规范和约束。尽管工会法律服务在组织形式、运行模式、活动方式上存在多样性，但基于工会职能性质和管理责任而言，仍然要以执行法律政策的统一规定为基本前提，即依照法定权限、原则和标准开展法律服务工作，确保相关活动在法律政策范围内进行，进而体现公共法律服务所内含的法治要求和理念。

（二）无偿性

无偿性是工会法律服务的重要特征，是由工会在公共法律服务体系中的角色定位和工作职责所决定的。工会法律服务既可以表现为特定行为，也可以体现为专门产品，既可以由工会工作人员直接提供，也可以由工会委托第三方机构或人员间接提供。无论在上述何种情况下，支持工会法律服务正常运转所需的物质条件，主要由工会经费或财政资金予以保障，无须由服务对象承担。也就是说，作为工会法律服务对象的职工、工会工作者或基层工会组织，对于其所获得的法律服务产品或其他形式的行为帮助，既不需要予以返还，也不需要支付任何形式的对价或报酬。

（三）特定性

工会开展法律服务工作，既是对政府公共职能的必要补充，也是履行自身职责的必然要求。为此，工会提供的法律服务，相对于其他主体提供的法律服务而言，应当体现出特定性和差异性。一方面，要服从服务于党委和政府对公共法律服务工作的统筹安排，以法律和政策的授权规定为前提条件，明确工会法律服务工作的职责边界，做到“不缺位”和“不越位”；另一方面，要在充分参与和积极配合的基础上，立足工会自身职能特点和比较优势，在法律服务的对象、内容和方式上有专门指向，也就是说，工会法律服务不宜涵盖与工作职责无关的一般性法律服务事项，而应侧重于工会组织自身权益所涉事项和职工群众劳动保障相关法律服务需求。

二、工会法律服务的依据

工会开展法律服务工作，是工会的法定权利和法定职责，具有充分的法律依据和政策支撑。现阶段，关于工会法律服务工作的制度依据，主要体现在国家劳动法律制度、工会法律制度以及公共法律服务相关政策文件中。

我国现行法律制度中，最早写入工会法律服务内容的是1994年颁布的《劳动法》，其中规定“劳动者申请仲裁或者提起诉讼的，工会应当依法给予支持和帮助”。2007年，《劳动合同法》制定出台，再次对《劳动法》这一规定予以确认。同年，《劳动争议调解仲裁法》颁布，对劳动争议协商和调解环节中涉及的工会法律服务事项作出规范，即“发生劳动争议，劳动者可以与用人单位协商，也可以请工会或者第三方共同与用人单位协商，达成和解协议”，“企业劳动争议调解委员会由职工代表和企业代表组成。职工代表由工会成员担任或者由全体职工推举产生，企业代表由企业负责人指定。企业劳动争议调解委员会主任由工会成员或者双方推举的人员担任”。2014年，司法部制定出台了《关于推进公共法律服务体系建设的意见》，提出要“鼓励、引导社会力量参与法律援助、法制宣传、人民调解等公共法律服务，发展壮大法律服务志愿者队伍，完善法律志愿服务管理制度和服务方式，实现公共法律服务提供主体和提供方式多元化”。2017 年，司法部印发了《关于推进公共法律服务平台建设的意见》，明确提出要“健全部门协作机制，加强与人民法院、人力资源和社会保障、民政、信访、工会、共青团、妇联、残联等相关部门的协作，实现公共法律服务与诉讼服务和社会服务的对接，提高群众获得公共法律服务的便利性”。2019 年，中共中央办公厅、国务院办公厅印发了《关于加快推进公共法律服务体系建设的意见》，明确将“政府主导、社会参与”作为公共法律服务的一项原则，要求“鼓励支持各类社会组织在法治宣传、权益维护、矛盾纠纷化解等公共法律服务领域更好发挥作用”。2021 年，司法部印发了《全国公共法律服务体系建设规划（2021—2025 年）》，提出要“指导群团组织、相关领域社会组织开展行业性专业性调解工作”。同年，《工会法》作出修改，明确规定“县级以上各级总工会依法为所属工会和职工提供法律援助等法律服务”。

此外，《中国工会章程》也为工会法律服务工作提供了制度依据，明确将工会法律服务纳入工会会员权利事项，同时要求“县和县以上各级工会组织应当建立法律服务机构，为保护职工和工会组织的合法权益提供服务”。

近年来，部分地方依据国家法律政策规定，结合本地发展公共法律服务事业实际需要以及工会法律服务发挥作用情况，在制定相关领域地方性法规和政策中，进一步明确了工会参与提供公共法律服务的职能定位，在地方制度层面强化了工会法律服务工作的依据，为地方工会依法推进法律服务工作提供了有力支撑。

三、工会法律服务的形式

工会法律服务是一项长期性、基础性、综合性工作，涉及多种法律服务渠道和形式。

（一）提供法律咨询

各级总工会对于职工或所属工会提出的法律问题，可采取口头解答、书面回复、转交办理等方式提供法律服务，对于职工和所属工会需要了解的法律信息，可通过网络平台提供信息检索查询服务。

（二）代写法律文书

各级总工会应职工或所属工会申请，可依其意愿、以其名义代为书写法律文书，文书种类包括劳动争议仲裁申诉书、起诉状、上诉状以及劳动合同、民事合同等。

（三）审查合同

各级总工会依职工或所属工会申请，对职工提交的劳动合同及相关文书、所属工会提交的民事合同及相关文书，依照法律规定和基本事实进行审查，对合同文本的有效性、规范性进行评估并提出法律意见。

（四）出具法律意见

各级总工会应所属工会请求，可就涉及工会权益或职工权益相关事项，组织专业人员进行分析研判，依据法律政策规定及相关证明材料，以书面形式提供法律依据、评估法律风险、提出法律建议。

（五）协商劳动争议

各级总工会可采取提供咨询或介入交涉等形式，协助职工或代表职工，就劳动用工相关问题向用人单位反映情况、表达诉求，与用人单位沟通对话、交换意见，促使劳动关系双方在协商一致的基础上达成和解协议。

（六）调解劳动争议

各级总工会依托企业劳动争议调解委员会或区域性、行业性劳动争议调解组织，就职工和用人单位之间发生的劳动争议，指定人员提供调解服务，依法对争议当事人进行说服、劝导并促使达成调解协议。

（七）代理劳动争议案件

各级总工会应职工或所属工会委托，安排社会律师、工会公职律师等代理劳动争议仲裁、诉讼或民商事案件诉讼，代为起草文书、调查取证、参与调解、申请执行等。

第二节　工会法律援助工作

工会法律援助是指工会组织及其法律援助机构，依法为职工、工会工作者提供法律讲解、法律咨询、文书代拟等服务，为确有经济困难的劳动争议案件或特殊案件的职工当事人，以及合法权益受到侵害的工会工作者，提供协商、调解、仲裁和诉讼等环节的代书、代理等无偿法律帮助。

一、工会法律援助的意义及依据

法律援助是一项重要的民生工程，始终坚持中国共产党的领导，坚持以人民为中心的发展思想，旨在保障社会贫弱者不受经济困难所制约，享有与普通公民同等的法律帮助权，促进实现法律面前人人平等的宪法原则。我国自 1994 年开始探索建立法律援助制度。2003 年，我国第一部全国性法律援助法规《法律援助条例》颁布实施，标志着我国法律援助制度正式建立。2013 年，党的十八届三中全会将法律援助列为人权司法保障制度的重要组成部分，明确要完善法律援助制度。2014 年，党的十八届四中全会确立了法律援助制度在法律服务体系中的重要地位，强调要完善法律援助制度，扩大法律援助范围。2015 年，中共中央办公厅、国务院办公厅印发了《关于完善法律援助制度的意见》，提出了法律援助工作发展的指导思想、基本原则、政策措施和要求，明确要推进法律援助立法工作，提高法治化水平。2021 年，《法律援助法》由第十三届全国人民代表大会常务委员会第三十次会议通过，将法律援助制度上升为国家法律，极大地提高了法律援助工作的保障水平。

法律援助实行国家保障与社会参与相结合，由国家承担法律援助主体责任，同时建立政府司法行政部门主导、有关部门和单位配合、社会力量参与的运行机制。具体来说，既包括司法行政系统法律援助机构组织开展的法律援助工作，也包括在司法行政部门指导下，群团组织、事业单位、社会组织利用自身资源为相应社会群体提供的法律援助，进而拓展法律援助方式、扩大法律援助范围，保障更多社会群体得到应有的法律救济和帮助。

（一）工会法律援助的意义

工会、共青团、妇联等群团组织是党领导下的群团组织，具有联系和服务群众的重要职责，一直以来都是法律援助工作的参与主体，在国家法律援助体系中具有法定地位。党中央、国务院高度重视群团工作，十分注重发挥群团组织在法律援助工作中的作用。2015 年，《中共中央关于加强和改进党的群团工作的意见》明确提出，支持群团组织加强服务群众和维护群众合法权益工作，有针对性地开展法律援助等服务；支持群团组织参与创新社会治理和维护社会稳定，把适合群团组织承担的一些社会管理服务职能按照法定程序转由群团组织行使。

2017 年，中共中央办公厅、国务院办公厅《关于完善法律援助制度的意见》也明确提出，鼓励和支持人民团体、社会组织开展法律援助工作，各人民团体要充分利用自身优势参与做好法律援助工作。

党中央、国务院相关决策部署和指示要求，是工会参与做好法律援助工作的重要指引和基本遵循，为工会履行维护职工合法权益、竭诚服务职工群众基本职责提供了有力保障。从实践情况来看，在群团组织法律援助工作领域中，工会法律援助工作定位明确、职责清晰、机制健全、覆盖广泛，具有鲜明特色，也取得了积极成效。当前，我国经济社会处于转型发展时期，劳动关系领域出现大量新情况、新问题，因侵犯职工特别是困难职工合法权益引发劳动争议时有发生。部分权益受侵害的职工对劳动法律政策的了解掌握程度有限，自我保护能力偏弱，且缺乏足够经济能力聘请专业人员提供帮助，对国家提供的免费法律帮助存在较为迫切的需求。基于我国经济社会发展现状，单纯依靠政府部门提供法律援助，难以实现对职工群众不断增长的法律援助需求的有效覆盖，这就决定了在政府法律援助之外，有必要进一步扩大法律援助的参与主体范围，特别是要培育和发挥工会组织力量，为做好劳动领域法律援助工作提供有效支撑。工会作为党领导的职工自愿结合的工人阶级群众组织，为职工提供必要的法律帮助和救济，既是履行自身基本职责、维护劳动关系和谐稳定的必然要求，也有利于促进职工群众平等享有法律权利，促进法律正确实施和社会公平正义。

（二）工会法律援助的依据

工会开展法律援助工作，是党和国家赋予的重要职能，是义不容辞的法定责任。《法律援助法》和《工会法》等多部法律法规和政策文件对此作出了明确规定，为工会开展法律援助工作提供了基础性、长效性的制度依据。

2002 年 11 月，司法部、全国总工会联合下发了《关于保障职工合法权益加强职工法律援助工作的通知》，其中明确规定“要认真研究市场经济条件下劳动关系和劳动争议的规律和特点，采取有效措施，使符合条件的困难职工当事人得到优质的法律援助”，并要求“各级司法行政机关和工会组织在为困难职工提供法律援助工作中要加强协调，密切配合。工会作为实施法律援助的重要社会力量，在维护困难职工合法权益方面发挥着不可替代的作用，司法行政机关应当给予积极支持。要组织经常性的培训、交流和研讨，不断提高工会法律援助人员的业务素质；要在制度上互相衔接，职能上优势互补，及时总结推广经验，定期评选表彰先进，推动职工法律援助工作深入开展”。2003 年 7 月，国务院颁布了《法律援助条例》，其中第八条规定，“国家支持和鼓励社会团体、事业单位等社会组织利用自身资源为经济困难的公民提供法律援助”。2003 年 9 月，《司法部关于贯彻落实〈法律援助条例〉促进和规范法律援助工作的意见》提出，“各级司法行政部门要采取切实措施，鼓励和支持工会、共青团、妇联、残联等社会团体和组织以自身人力和财力资源为本社团特定对象提供免费法律服务”。2021 年 8 月，《法律援助法》制定出台，在总则第八条规定，“国家鼓励和支持群团组织、事业单位、社会组织在司法行政部门指导下，依法提供法律援助”，在第六十八条规定，“工会、共产主义青年团、妇女联合会、残疾人联合会等群团组织开展法律援助工作，参照适用本法的相关规定”。2021 年 12 月，新修改的《工会法》第六条规定，“维护职工合法权益、竭诚服务职工群众是工会的基本职责”；第二十二条规定，“职工认为用人单位侵犯其劳动权益而申请劳动争议仲裁或者向人民法院提起诉讼的，工会应当给予支持和帮助”；第三十条规定，“县级以上各级总工会依法为所属工会和职工提供法律援助等法律服务”。

此外，《中国工会章程》第十五条规定，“县和县以上各级工会组织应当建立法律服务机构，为保护职工和工会组织的合法权益提供服务”，明确了包括工会法律援助在内的工会法律服务工作的组织建设和职责履行要求。为建立完善工会法律援助工作的配套制度机制，全国总工会专门印发了《工会法律援助办法》，就工会法律援助的机构和人员、范围和条件、申请和承办、资金来源和管理等事项作出了统一规范。

二、工会法律援助的对象及条件

工会法律援助的对象主要包括：劳动权益及相关权益受到侵犯的职工当事人，且本人及家庭经济状况符合当地工会提供法律援助的经济困难标准；职工当事人未达到工会提供法律援助的经济困难标准，但有证据证明本人合法权益受到严重侵害，工会有必要提供法律援助的；因履行职责而合法权益受到侵犯的工会工作者。

工会提供法律援助的条件是：为职工提供法律咨询、文书代拟等援助服务的，不作条件限制；为职工提供案件调解、代理等援助服务的，须要求职工证明本人及其家庭经济状况符合当地工会提供法律援助的经济困难标准，或证明本人合法权益被严重侵害，或证明具有法律规定的免予核查经济困难状况情形。为工会工作者提供法律援助服务的，须要求有充分理由证明其合法权益受到严重侵犯。

三、工会法律援助的内容及形式

工会法律援助的内容主要包括：劳动争议案件，即职工与用人单位之间因劳动权利行使与义务履行问题引发的矛盾；因劳动权益涉及的职工人身权、民主权、财产权受到侵犯的案件，比如，用人单位以暴力、威胁或者非法限制职工人身自由的手段强迫劳动，用人单位侮辱、体罚、殴打、非法搜查和拘禁职工，非法剥夺职工民主选举权或被选举权，采取强迫集资侵犯职工的财产权，等等；工会工作者因履行职责导致合法权益受到侵犯的案件，比如，用人单位对依法履行职责的工会工作者无正当理由调动工作岗位、解除劳动合同，或阻挠工会工作正常开展并对工会工作者进行侮辱、诽谤或者人身伤害，等等。

工会法律援助的形式主要包括：为职工和工会工作者提供法律法规咨询服务，对有关法律问题作出解释和说明、提出建议和解决方案；为劳动权益受到侵犯的职工当事人、因履行职责而合法权益受到侵犯的工会工作者提供代拟法律文书、争议调解、仲裁代理、诉讼代理等服务，起草和撰写所需申请书、起诉状、答辩状、申诉状等文书，帮助和代为申请调解、参与调解活动以及达成调解协议，帮助和代为提起仲裁或诉讼、调查取证、参加庭审、代收法律文书，等等。

四、工会法律援助的程序和特点

（一）工会法律援助的程序

职工申请工会法律援助，应当向劳动合同履行地或用人单位所在地的工会法律援助机构提出；工会工作者申请工会法律援助，应当向侵权行为地或用人单位所在地的工会法律援助机构提出。下级工会未设立法律援助机构或具备相应职能机构的，当事人可以向上一级工会法律援助机构提出申请。对重大案件的法律援助，下级工会法律援助机构可以提请上一级工会法律援助机构受理。

职工当事人申请工会为其提供法律援助的，一般应当以书面形式提出，并提交身份证、工作证或者有关身份证明，所在单位工会或者地方工会（含乡镇、街道、开发区等工会）出具的申请人经济困难状况证明，以及工会法律援助机构认为需要提供的其他材料。提交书面申请确有困难的，可以口头申请；工会法律援助机构应当场记录申请人基本情况、申请事项、理由和时间，并经本人签字。工会工作者申请法律援助的，应当以书面形式提出，并提交其所在单位工会出具的情况证明或说明以及法律援助事项相关材料。

职工有材料证明属于下列人员的，免予核查经济困难状况：失去固定生活来源；社会救助、司法救助或者优抚对象；申请支付劳动报酬或者请求工伤事故人身损害赔偿的进城务工人员；法律、法规、规章规定的其他特定人员。

工会法律援助机构自收到援助申请之日起 7 日内，按规定的条件进行审查，并作出是否给予法律援助的决定。对符合条件的，由机构负责人签署意见，作出同意提供法律援助的书面决定，并在 3 日内指派法律援助承办人员；对申请人提交的证件、证明材料不齐全的，应当一次性告知申请人需要补充的材料或者要求申请人作出说明，申请人未按要求办理的，视为撤销申请；对不符合法律援助条件的申请，应当作出不予援助的决定，以口头或者书面形式通知申请人并说明理由。

工会法律援助机构对法律咨询、代写法律文书等事项，应当即时办理；复杂疑难的可以约定择时办理。对于其他事项，法律援助人员接受指派后，无正当理由不得拒绝、拖延或终止提供法律援助服务。法律援助承办人员在援助事项结案后，应当向工会法律援助机构提交结案报告。

（二）工会法律援助的特点

根据法律规定和工作实践，工会法律援助具有以下特点。

（1）工会法律援助是国家法律保障体系的重要补充，旨在依法履行工会职责，保障职工和工会工作者享有平等法律保护，促进司法公平公正，维护弱势群体合法权益。

（2）工会法律援助的重点，是维护职工劳动权益以及与劳动权益密切相关的其他权益。

（3）工会法律援助受同级工会领导和上级工会指导，并接受司法行政部门的业务指导和监督。

（4）工会法律援助适用于职工和工会工作者，不面向社会公众。对于合法权益受到侵犯的工会组织，可通过除法律援助以外的其他法律服务途径为其提供相应支持和帮助。

（5）工会法律援助机构可采用多种形式设立，既可以由工会单独设立，也可以由工会和司法行政部门的法律援助机构合作设立。

（6）工会法律援助方式较为灵活，既可以由工会法律援助机构独立承办援助事项，也可以由工会与司法行政部门法律援助机构、律师事务所等合作，联合承办援助事项。

（7）工会法律援助人员主要来自工会法律工作职能部门和法律援助相关机构中的专兼职法律工作者。

五、工会法律援助的机构和人员

根据《工会法》和《法律援助法》相关规定，各级工会在司法行政部门的指导下，设立工会法律援助机构，组建工会法律援助工作者队伍，组织开展以职工和工会工作者为服务对象、以维护职工劳动权益为重点的法律援助工作。

（一）工会法律援助的机构

工会法律援助机构是指县级以上地方工会和具备条件的产业工会依法设立的承担法律援助职责的专门机构，是工会依法开展服务维权工作的重要阵地和平台。为适应社会主义市场经济条件下协调劳动关系的需要，畅通职工和工会工作者的法律诉求渠道，切实维护他们的合法权益，促进劳动关系和谐与社会稳定，各级工会应高度重视法律援助机构的建设与作用发挥。

1. 工会法律援助机构的设立。

关于工会法律援助机构的设立，《工会法》规定，“县级以上各级总工会为所属工会和职工提供法律援助等法律服务”，《中国工会章程》规定更为明确，“县和县以上各级工会组织应当建立法律服务机构，为保护职工和工会组织的合法权益提供服务”。《工会法律援助办法》对工会法律援助机构的设立主体、条件、形式等作出了具体规定，其中第六条第一款规定，“县级以上地方工会和具备条件的地方产业工会设立法律援助机构，在同级工会领导下开展工作”。针对一些地方工会不具备单独设立法律援助机构条件，需要与司法行政部门合作或依托律师事务所专业力量开展法律援助工作的实际情况，《工会法律援助办法》第六条第二款规定，“地方工会可以与司法行政部门协作成立工会（职工）法律援助工作站，也可以与律师事务所等机构合作，签订职工法律援助服务协议”。《工会法律援助办法》第六条还作出规定，“工会设立法律援助机构应当符合有关法律、法规的规定”。实践中，工会法律援助机构主要根据《工会法》和省级人大常委会通过的工会法实施办法等设立，同时参照《法律援助法》相关规定，设立工会法律援助工作站点和联络点。

多年来，工会法律援助机构在维护职工合法权益方面发挥了积极作用。为加大工会法律援助机构组建力度，整合工会内部资源，扩大工会法律援助工作覆盖面，《工会法律援助办法》第七条对工会系统内部统筹设立法律援助机构作出专门规定，即“工会法律援助机构可以单独设立也可以与困难职工帮扶中心合署办公，法律援助机构负责人及相关管理人员由同级工会委派或者聘任”。地方工会设立的困难职工帮扶中心，旨在为困难职工提供必要生活帮扶，解决他们的生活保障问题。为加大对困难职工的法律帮扶力度，从2002年起，全国各地县、市工会建立的困难职工帮扶中心或职工服务中心，陆续设立法律援助窗口，为困难职工、农民工提供法律帮助。有的地方工会法律援助机构与困难职工帮扶中心或职工服务中心分别挂牌、合署办公。《工会法律援助办法》对这种灵活设立机构的形式给予了确认。

2. 工会法律援助机构的职责。

工会法律援助机构的职责，是指其所承担的法律援助任务和责任。根据《法律援助法》相关规定，工会法律援助机构的职责是组织实施法律援助工作，主要包括：受理、审查法律援助申请；指派法律援助人员承办法律援助；支付法律援助补贴。

（1）受理、审查法律援助申请，是法律援助案件进入正式办理阶段之前的两个前置程序。受理申请，是指工会法律援助机构接收当事人的法律援助申请及相关材料并予以登记。法律援助受理程序较为简便，不涉及对受援对象是否享受法律援助权利的实质判断，目的在于为受援对象办理手续提供便利，尽可能地使法律援助特殊保障覆盖到位。审查申请，是指工会法律援助机构对所接收的申请材料是否符合特定条件和范围进行审查，并依法作出援助或不予援助的决定。对申请材料的审查，以核对形式要件为主，涉及法律援助的管辖范围、当事人条件、基本案情以及材料完整性等，不涉及对争议案件所涉法律关系的分析认定。

（2）指派法律援助人员承办法律援助，是指工会法律援助机构对经审查符合法律援助条件的职工和工会工作者，指派工会公职律师、专兼职劳动争议调解员和仲裁员、劳动关系协调员（师）、劳动保障法律监督员等工会法律工作者，或者聘请法律专家、学者、社会律师、基层法律服务工作者、法律援助志愿者等人员提供法律援助的行为。工会法律援助机构对不同的援助事项采取不同的承办程序，比如，根据职工要求和办案需要，指派工会法律援助人员担任其委托代理人，及时了解案情、查阅案卷材料，向相关人员收集证据，促进协商和调解，代为起草仲裁申请书、起诉书、代理词等，参与劳动争议仲裁或者诉讼，依法为受援人主张权利、挽回损失。

（3）支付法律援助补贴，是指工会法律援助机构对接受指派办结案件的法律援助人员，依照一定标准给予必要工作经费的行为，一般可分为案件补贴和咨询补贴。补贴标准根据服务类型、承办案件成本和基本劳务费用等因素确定，其中办案成本包括差旅费、邮电费、印刷费、调查取证费、翻译费、公证费、鉴定费等，基本劳务费用根据日平均工资、服务天数等因素确定。根据《法律援助法》和《工会法律援助办法》相关规定，工会法律援助补贴标准由县级以上地方工会根据本地实际情况确定，并实行动态调整，免征增值税和个人所得税。

（二）工会法律援助的人员

工会法律援助人员，是指就任于工会法律援助机构、具备相应资质的工会工作人员，以及接受工会法律援助机构指派、承办法律援助事务的社会专业人员。

1. 工会法律援助人员的来源。

根据《法律援助法》、《工会法律援助办法》及其他政策文件相关规定，工会法律援助工作人员可从下列人员中聘请。一是工会公职律师、专兼职劳动争议调解员和仲裁员、劳动保障法律监督员等工会法律工作者；二是法律专家、学者、律师、基层法律服务工作者等社会法律工作者，即工会法律援助工作人员由工会法律工作者和社会法律工作者两部分人员组成。

工会公职律师，是指具有中华人民共和国律师资格或法律职业资格，供职或受聘于县级以上工会，持有司法部颁发的公职律师执业证的专业人员。劳动争议调解员，是指经培训考核取得劳动争议调解员证书，在企事业单位劳动争议调解委员会、区域性行业性劳动争议调解组织中担任调解委员或调解员的专兼职人员。兼职劳动争议仲裁员，是指在取得仲裁员资格并经劳动争议仲裁委员会聘任，兼职从事劳动争议案件仲裁审理业务的工会工作人员。劳动保障法律监督员，是指在基层工会、地方工会或产业工会劳动法律监督委员会中担任劳动法律监督员，并经所在地人力资源和社会保障部门考核合格，持有劳动保障法律监督员证书的工会工作人员。从事工会法律援助工作的法律专家和学者，是指专门从事与工会、职工关系密切的劳动法律、劳动关系研究的立法工作者、法律研究人员、法学教育工作者，以及其他相关实务工作者。从事工会法律援助工作的律师，是指专门从事或长期从事与工会、职工关系密切的劳动领域司法实践活动的社会律师。从事工会法律援助工作的基层法律服务工作者，是指具有法律职业资格或者曾经取得基层法律服务工作者执业资格且符合基层法律服务工作者执业条件，经核准执业登记，领取《法律服务工作者执业证》，在基层法律服务所中执业，为社会提供法律服务的人员。此外，工会可以与高等院校、科研机构合作，组织从事法学教育、研究工作的人员和法律专业学生作为法律援助志愿者，参与工会法律援助工作。

2. 工会法律援助人员的职责。

工会法律援助人员的职责主要包括：接受工会法律援助机构的指导与监督，依法承办指定的法律援助事项；接受指派后应尽职尽责，在受委托的权限内，通过和解、调解、申请仲裁和提起诉讼等方式，依法最大限度地维护受援人合法权益；未按规定程序或者未经批准，不得以工会法律援助机构名义承办案件；遵守职业道德，保守在承办法律援助事项中了解到的受援人隐私或秘密；不履行义务或疏于职守，造成受援人重大损失的，应承担相应法律责任；对受援人不遵守法律规定或隐瞒、谎报受援事项真相的，须拒绝或终止提供法律援助。

第三节　工会法律顾问委员会工作

工会法律顾问委员会是各级总工会根据《中国工会章程》的规定和工会实际需要设立的，由知名法律专家、学者、政府及有关部门负责人等专业人士组成，为工会依法履行职责提供服务的公益性法律咨询机构。

一、工会法律顾问委员会的主要任务

工会法律顾问委员会的主要任务是：为各级总工会代表职工参与国家、地方立法和政策制定提出意见和建议；为各级总工会维护职工和工会组织合法权益提供法律咨询，对严重侵犯职工合法权益和工会权利的重大案件的处理提供法律帮助；为各级总工会有关工会活动的涉外事件提供法律咨询；为各级总工会组织制度、工作制度、民主制度等规范化建设提供法律和政策咨询；为各级总工会向职工和工会干部进行民主和法治宣传教育提出意见和建议；其他重要法律事宜。

中华全国总工会的法律顾问委员会于 1981 年 7 月 27 日在北京成立。法律顾问委员会是全国总工会设立的法律咨询机构，由知名法学专家、劳动和社会保障专家、律师和有关部门的负责人组成，设主任一人，副主任一人，特邀顾问和委员若干人，在全国总工会书记处领导下开展工作。法律顾问委员会特邀顾问、委员由全国总工会书记处聘请。法律顾问委员会办公室设在全国总工会法律工作部。

1983 年 10 月，中国工会第十次全国代表大会通过的《中国工会章程》规定："县和县以上各级工会设立法律顾问组织，为保障会员和工会组织的合法权益服务"，各地工会相继建立法律顾问组织，其性质和地位、组织制度、工作制度、办公机构

设置基本上和全国总工会法律顾问委员会一致，职责和任务也基本一致。

由于县级总工会组织更贴近基层，工作虽千头万绪，但工作面相对较窄，所以县级总工会的法律顾问机构也相对单一，以提供具体法律咨询、法律帮助指导和协助办理委托或代理等服务，依法维护职工当事人的合法权益为主。

2016年6月，中共中央办公厅、国务院办公厅印发了《关于推行法律顾问制度和公职律师公司律师制度的意见》（以下简称《意见》），对中央和国家机关各部委，县级以上地方各级党政机关以及人民团体普遍设立法律顾问提出了明确要求。近年来，各级工会认真贯彻落实《意见》要求，正在逐步推进和落实法律顾问制度，以适应新时代经济社会发展和工会工作法治化建设需求。

二、工会法律顾问委员会的组织制度

（1）法律顾问委员会在同级工会领导下开展工作。

（2）法律顾问委员会设主任一人，副主任和委员若干人。

（3）法律顾问委员会由知名法律专家、学者、政府及有关部门负责人等专业人士组成。

（4）法律顾问委员会委员由各级总工会聘请，每届任期一般3—5年。

（5）从国家机关任职人员中聘任的顾问委员可实行替补制。其工作变动，由接替其职务的人员继续担任。

三、工会法律顾问委员会的工作制度

（1）法律顾问委员会根据工作需要，每年可不定期召开若干次部分委员会议，就有关工会和职工的重大立法问题进行专题研讨和论证。

（2）对涉及工会权益和职工利益的重大法律问题，各级总工会随时向顾问委员提出咨询。

（3）涉及职工和工会权益的重要法律法规颁布实施时，各级总工会可约请顾问委员撰写相关文章，进行宣传；发生重大劳动争议案件时，各级总工会可约请顾问委员进行综合评析，提出解决意见或建议。

四、工会法律顾问委员会办事机构及经费

法律顾问委员会在同级总工会法律工作部门设立常设办事机构，负责其日常工作。各级总工会应当设立法律顾问委员会专项经费，用于法律顾问委员会工作的开展。

第四节　工会公职律师制度

公职律师是指具有中华人民共和国律师资格或法律职业资格（即经国家司法考试合格），供职于中央和地方党政国家机关，持有公职律师证，履行国家公职的专业人员。工会公职律师是指具有中华人民共和国律师资格或法律职业资格，供职或受聘于县级（含市、区）以上工会，持有公职律师证，履行工会职责的专业人员。工会公职律师不得面向社会提供有偿法律服务。

一、建立工会公职律师制度的必要性

公职律师制度是国家律师制度的有机组成部分。建立公职律师制度，是促进我国经济社会发展，推进依法治国方略实施的必然要求，也是进一步完善我国律师制度和社会保障法律体系的客观需要。

长期以来，由于律师制度立法滞后，律师结构存在缺陷，

公职律师这一公益性法律服务制度在我国发展缓慢。一些具有律师资格和法律职业资格，谙熟《工会法》和劳动法律法规，甘于为职工维权工作奉献的工会法律专业人员，因无法取得律师执业资格，在为职工提供法律服务和法律援助方面受到诸多限制，如不能以律师身份调查、取证、代理出庭等，致使维权工作不到位，工会维护职能的作用不能有效发挥。同时，因社会执业律师熟悉劳动关系和劳动法律法规的相对较少，有的因收益问题不情愿为困难职工提供法律服务，致使维护职工合法权益工作受到影响。

随着市场经济的发展，近年来国家逐步推行公职律师制度，取得律师资格和法律职业资格的政府公务员以及比照公务员管理的社会团体中的工作人员，可以按照规定程序取得公职律师证，履行公职律师职责。2006 年 5 月 8 日，以《中华全国总工会关于印发〈工会公职律师试点工作方案〉〈工会公职律师管理办法〉（试行）的通知》为标志，工会公职律师制度应运而生。2013 年 12 月 4 日，全国总工会、司法部联合下发了《关于进一步加强工会公职律师试点工作的意见》，强调要建立健全工会公职律师制度，持续强化工会公职律师队伍建设。2019 年 11 月 24 日，全国总工会办公厅印发了《全国总工会机关公职律师管理办法（试行）》，对全国总工会机关本级公职律师的管理、执业、培训和监督等工作作出规范。

建立工会公职律师制度，有利于不断强化工会维权机制和专业队伍建设，使具有律师资格和法律职业资格并取得公职律师证的工会法律工作者，能够与社会执业律师一样，以平等的身份参与法律活动，促使其法律业务能力水平不断提高、工作不断规范、作用充分发挥，更好地为职工和工会组织服务，使工会在维护职工合法权益、构建和谐劳动关系中发挥更大作用。

二、工会公职律师的任职条件与职责

（一）工会公职律师的任职条件

根据全国总工会《工会公职律师试点工作方案》的规定，工会工作者担任公职律师的条件是：具有中华人民共和国律师资格或法律职业资格；县级以上工会公职人员；年度考核均为称职或称职以上等次，经工会法律工作部门资质和业务审查合格（工会没有设立法律工作部门的，须经工会综合部门资质和业务审查合格）。工会公职律师不得同时持有社会律师执业证书。

（二）工会公职律师的职责

工会公职律师的职责包括以下方面。

（1）接受所在工会指派，参与规范性文件的起草和修改工作，为所在工会的重大决策提供法律意见和建议。

（2）为工会参与法律、法规、规章和其他规范性文件的制定、修改提出意见和建议。

（3）接受所在工会指派，参与相关法律法规实施情况的监督检查活动，参与对违反相关法律法规事件的调查处理。

（4）接受指派或委托，参与工会与用人单位进行的平等协商和签订集体合同工作；参与工会的法律事务谈判、法律文件签订等工作。

（5）接受指派或委托，调查处理相关法律事务，代理职工、工会干部和工会组织参加有关案件的调解、仲裁和诉讼活动。

（6）为符合工会法律援助条件的职工和工会干部提供法律援助。

（7）为职工、工会干部和工会组织提供咨询、代书等法律服务。

（8）承办所在工会交办的其他法律事务。

三、工会公职律师的权利与义务

（一）工会公职律师的权利

工会公职律师享有以下权利：在执业活动中享有《律师法》等规定的会见、阅卷、调查取证和发问、质证、辩论等方面的律师执业权利；加入律师协会，享有会员权利；参加律师职称评定；参加工会法律专业培训和律师协会相关业务培训；因调动、辞职、退休等原因不再履行公职律师职责的，可以按照换发证件规定程序，直接转为社会律师。担任公职律师的执业经历计入执业年限。

（二）工会公职律师的义务

工会公职律师履行以下义务：遵守《律师法》及相关法律、法规、规章，遵守职业道德和执业纪律，遵守工会的各项规章制度；接受所在工会法律工作部门的执业管理，以公职律师身份对外参加活动的，须经工会法律工作部门的批准；接受所在地司法行政机关的资质管理和业务指导；不得从事有偿法律服务，不得在律师事务所或法律服务机构兼职；不得以律师身份办理所在单位以外的诉讼或者非诉讼法律事务；参加工会法律工作部门、律师协会开展的职业道德和执业纪律教育。

四、工会公职律师的办公条件和费用

工会公职律师所在工会应当对公职律师的执业活动给予支持、帮助和鼓励，为公职律师开展执业活动提供必需的场所、办公设备和经费。工会公职律师申请办理执业证书、进行年检注册、开展执业活动、缴纳会费等所需费用，由所在工会承担。

五、工会公职律师的工作指导与管理

工会公职律师实行受司法行政机关的资质管理和业务指导、

全国总工会统一组织协调、各级工会分级负责的管理方式。

（一）县以上各级工会公职律师工作职责

1. 全国总工会的职责。

负责全国工会公职律师工作的统一组织协调；制定工会公职律师的管理制度；会同司法部和全国律师协会，协调解决工会公职律师工作中遇到的主要问题；组织开展工会公职律师业务培训、职业道德和执业纪律教育；为各地工会公职律师工作提供服务，进行业务指导和监督；负责全国总工会机关公职律师的执业管理；对优秀工会公职律师进行表彰；其他需要由全国总工会处理的重要事项。具体工作由全国总工会法律工作部承担。

2. 省级总工会的职责。

制定本地区工会公职律师工作的具体实施办法；与省级司法行政机关、律师协会进行协调沟通，解决工会公职律师工作中遇到的问题，协助所属地市（州、盟）、县（市、区）级总工会办理工会公职律师执业证书；负责本级工会（包括省级地方工会、省级产业工会、省直机关工会联合会）公职律师执业证书的办理，负责本级总工会机关公职律师的执业管理；为所属地市、县级工会（包括同级地方工会、同级产业工会、同级直属机关工会联合会）公职律师工作提供服务，进行业务指导和监督；开展工会公职律师业务培训、职业道德和执业纪律教育；对本地区工会公职律师工作进行年度总结并向全国总工会报告。具体工作由省级总工会法律工作部门承担。

3. 地市、县级总工会的职责。

接受本级司法行政机关的资质管理和业务指导，与本级司法行政机关、律师协会进行协调沟通，解决工会公职律师工作中遇到的问题；开展工会公职律师业务培训、职业道德和执业纪律教育；负责地市、县级工会公职律师执业证书的办理。负责本级总工会机关公职律师的执业管理。具体工作由地市、县级总工会法律工作部门承担；没有设立法律工作部门的，由工会综合部门负责。

县级以上地方产业工会、直属机关工会联合会法律工作部门负责本工会公职律师的执业管理；没有设立法律工作部门的，由工会综合部门负责。

（二）工会公职律师的执业管理

1. 工会公职律师执业证书的管理。

全国总工会机关符合公职律师任职条件的人员，由司法部颁发公职律师证。符合规定任职条件的人员，经所在部门或产业工会同意，向全国总工会法律工作部提出申请，并附相关证明材料，经审查合格的，由全国总工会法律工作部报送司法部审批。

省、自治区、直辖市范围内县级以上工会符合公职律师任职条件的人员，由所在省级司法行政机关颁发公职律师证。省级工会符合规定任职条件的人员，经所在部门或产业工会同意，并附相关证明材料，向省级总工会法律工作部门提出申请，经审查合格的，由省级总工会法律工作部门报省级司法行政机关审批。地市级、县级工会符合规定任职条件的人员，经所在部门或产业工会同意，并附相关证明材料，向同级总工会法律工作部门提出申请，经审查合格的，由同级总工会法律工作部门报同级司法行政机关审核。通过审核的，由司法行政机关按程序报省级司法行政机关审批。

持有社会律师执业证的人员，受聘在县级以上工会工作的，按照司法行政机关规定的证件换领程序，换领公职律师证。

工会公职律师进行执业活动时，应出示公职律师证和所在工会或工会法律服务或法律援助组织出具的公函。

工会公职律师应妥善保管公职律师证，不得涂改、故意毁损或转借他人。工会公职律师因证件损坏需要更换或者因遗失需要补办的，由本人提交申请更换或补办材料，按公职律师证申领程序办理。损坏的原证件应当交回。

2. 工会公职律师的年度考核。

工会公职律师应当按有关规定参加年度考核。工会公职律师年度考核由所在工会办理，重点考核其遵守法律法规和职业道德、履行岗位职责、从事法律事务工作数量和质量等方面的情况，提出称职、基本称职或者不称职的考核等次意见，并统一向同级司法行政机关报送备案。

3. 建立档案。

县级以上各级工会法律工作部门建立工会公职律师档案。档案资料包括：工会公职律师申请表；年度办理法律事务工作总结；年度考核审验资料；表彰奖励情况；处罚惩戒情况；参加培训情况；其他相关资料。

4. 执业终止。

工会公职律师具有下列情形之一者，由所在工会收回其执业证书，终止其执业，办理注销手续，无正当理由拒不交回执业证书的，建议发证机关按规定作出注销决定：本人不愿意继续担任公职律师，经所在工会同意后向司法行政机关申请注销的；所在工会不同意其继续担任公职律师，向司法行政机关申请注销的；因辞职、调任、转任、退休或者辞退、开除等原因，不再具备担任公职律师条件的；连续两次公职律师年度考核被评定为不称职的；以欺诈、隐瞒、伪造材料等不正当手段取得公职律师证书的；其他不得继续担任公职律师的情形。

思考题：

1. 工会法律服务包括哪些内容？
2. 工会法律援助的特点是什么？
3. 工会公职律师与社会律师有哪些异同？

第六章　工会法治宣传教育工作

法治宣传教育是坚持全面依法治国，推进法治中国建设的一项重要基础性工作。党的二十大报告提出，加快建设法治社会，弘扬社会主义法治精神，传承中华优秀传统法律文化，引导全体人民做社会主义法治的忠实崇尚者、自觉遵守者、坚定捍卫者，努力使尊法学法守法用法在全社会蔚然成风。深入开展法治宣传教育，是贯彻落实党的二十大精神的重要任务。工会法治宣传教育是工会宣传和法律工作的重要组成部分，在广大工会干部和职工中大力开展法治宣传教育，深入宣传宪法，深入宣传中国特色社会主义法律体系和国家基本法律，深入宣传劳动法律法规，弘扬法治精神，进一步增强职工群众的法律意识和运用法律维护自身权益的基本能力，提高工会干部的法律素质和依法开展工作的水平，对于进一步完善社会主义劳动法律体系，实现依法建会、依法管会、依法履职、依法维权，夯实走中国特色社会主义工会发展道路的法治基础和群众基础，至关重要。

第一节　工会法治宣传教育工作的意义、地位和特点

1985 年 11 月 22 日第六届全国人大常委会通过的《关于在公民中基本普及法律常识的决议》，拉开了全民性的法制宣传教育活动的序幕，经过 30 多年的普法宣传，取得了明显成效。党

的十七大和十七届五中全会提出了深入开展法制宣传教育的重大任务，十七届六中全会明确提出进一步加强法制宣传教育的要求，2011 年 4 月 22 日第十一届全国人大常委会通过的《关于进一步加强法制宣传教育的决议》指出，中国特色社会主义法律体系形成后，有法必依、执法必严、违法必究的任务更为突出，对加强法制宣传教育提出了新的更高要求。党的十八大进一步提出了深入开展法制宣传教育，弘扬社会主义法治精神，树立社会主义法治理念的要求。党的十九大明确提出加大全民普法力度，建设社会主义法治文化的新要求。党的二十大提出弘扬社会主义法治精神，传承中华优秀传统法律文化，引导全体人民做社会主义法治的忠实崇尚者、自觉遵守者、坚定捍卫者，努力使尊法学法守法用法在全社会蔚然成风。我国的法治宣传教育工作是一项在政府主导下，适应经济社会发展需要的系统工程，是全社会共同参与，旨在提高公民法律素质的公益性社会事业。对广大职工群众和工会干部进行法治宣传教育，是各级工会组织的工作任务，也是工会法律工作的重要职责。

一、工会法治宣传教育工作的意义

改革开放以来，我国经济社会发展取得巨大成就，中国特色社会主义法律体系已经形成，国家经济建设、政治建设、文化建设、社会建设和生态文明建设等各个方面实现了有法可依。同时，经济发展的过程需要充分发挥法律的引导规范保障作用；社会主义民主政治建设实现新发展，需要提高广大公民的法律素质；社会管理创新全面推进，需要依法协调各方面利益关系，依法解决社会矛盾，维护社会稳定；人民群众对掌握法律知识和参与法治实践的需求不断增长，也需要加强法治宣传教育，引导群众依法参与社会事务管理，依法表达利益诉求。

（一）深入开展工会法治宣传教育，是构建社会主义和谐劳动关系的重要保障

随着社会主义市场经济体制的不断完善，劳动关系日益呈现出主体多元化、内容多样化、处理复杂化的特征。劳动争议案件及群体性事件增多，对社会稳定和经济发展造成了不利影响。广大职工和工会干部的法治意识、权利意识日益增强，加强工会法治宣传教育工作，对于引导广大职工依法合理提出诉求，在法律和制度框架内解决矛盾纠纷，促进和谐劳动关系建设具有重要意义。

（二）深入开展工会法治宣传教育，是提高依法建会、依法管会、依法履职、依法维权能力和水平的重要举措

依法维权，就是要运用法律手段，健全在工会组织领导下的维权机制，把维权纳入规范化、制度化、法治化的轨道，督促和推动《劳动法》、《工会法》及有关法律法规的落实，引导职工以理性合法的方式和渠道表达利益诉求，依法规范自身行为。开展工会法治宣传教育，提高广大工会干部和职工群众的法律意识和法治观念，增强各级工会依法办事的自觉性，是落实依法维权要求，健全工会组织领导下的维权机制的重要基础。

（三）深入开展工会法治宣传教育，是维护职工精神文化权利的重要任务

加强工会法治宣传教育，努力营造法治文明，是维护职工精神文化权利的重要内容和有效途径。当前各种价值观念、思想文化相互激荡，意识形态领域的斗争日益复杂，职工思想日趋活跃，必须深入持久地开展法治宣传教育，把社会主义的价值观念、行为准则和道德良知结合现行的法律规范对职工进行深入浅出的教育，不断提高职工队伍的道德水准和全社会文明程度。

二、工会法治宣传教育工作的地位

工会法治宣传教育是国家法治宣传教育工作中重要的组成部分，是由工会承担，以提高广大工会干部和职工法律素质为目的的法治宣传教育活动。工会法治宣传教育是工会教育职能的重要组成部分，工会各个方面工作中对此都应当有所体现。广义上的工会法治宣传教育工作不仅包括专门的工会普法工作，还包括各级工会宣传教育部门、工会院校、工人文化宫（俱乐部）、职工书屋、学习强会等承担的法治宣传教育工作及体现于各项工会业务工作中的法治宣传教育内容。

三、工会法治宣传教育工作的特点

（一）参与性

我国的法治宣传教育工作机制是“党委领导、政府实施、人大监督、全社会参与”。政府主导是我国法治宣传教育的重要特点，但并不意味着政府要直接组织完成法治宣传的每一项活动。工会法治宣传教育工作体现社会参与性，是在政府指导下，围绕政府制定的法治宣传教育规划，开展工会系统的普法工作。

（二）目的性

工会法治宣传教育工作的目的，是要通过对各种法治信息与观念的传播，教育工会干部和职工群众树立法律意识和公民意识，提高整体法律素质。

（三）公益性

工会有责任运用各种资源，公开、免费向工会干部和职工群众告知法律、法规和相应政策，开展法治宣传服务必须是无偿的。

第二节　工会法治宣传教育工作的目标、对象和内容

工会法治宣传教育工作是与国家法治宣传教育工作紧密结合的，根据国家法治宣传教育工作的总体要求和规划，针对工会工作的对象和工作特色，工会法治宣传教育也有自己的工作目标和具体内容。

一、工会法治宣传教育工作的总体目标

通过开展工会法治宣传教育和法治建设实践，深入宣传宪法，深入宣传中国特色社会主义法律体系和国家基本法律，开展涉及职工切身利益的法律法规的宣传，加强职工法律素质工程和法律文化建设，进一步增强职工群众的法律意识和运用法律维护自身权益的基本能力，提高各级工会干部依法开展工作的能力和水平，全面实现依法建会、依法管会、依法履职、依法维权，大力推进工会工作法治化建设，提高参与社会治理、推动科学发展的水平。

二、工会法治宣传教育工作的教育对象

工会法治宣传教育的对象是各级工会工作者和包括新就业形态劳动者、农民工在内的广大职工群体。根据工会自身情况，工会法治宣传教育工作要把工会领导干部、基层工会工作者和农民工作为普法的重点对象，特别是工会领导干部要带头学好法律知识。

三、工会法治宣传教育工作的主要内容

在职工和工会干部中深入进行以宪法、基本法律及社会主

义市场经济法律知识为主要内容，以《工会法》、《劳动法》、《劳动合同法》为重点的宣传教育是工会法治宣传教育的主要内容。

（一）突出学习宣传宪法

坚持把学习宣传宪法摆在首要位置，在广大工会工作者和职工群众中普遍开展宪法教育，弘扬宪法精神，树立宪法权威。深入宣传依宪治国、依宪执政理念，宣传党的领导是宪法实施的最根本保证，宣传宪法确立的国家根本制度、根本任务和我国的国体、政体，宣传公民的基本权利和义务等宪法基本内容，宣传宪法的实施和宪法宣誓制度，认真组织好“12·4”国家宪法日集中宣传活动，使广大工会工作者和职工群众全面深刻理解宪法，充分认识社会主义制度的优越性，进一步增强宪法意识、公民意识、爱国意识、国家安全统一意识和民主法治意识，牢固树立党的领导、人民当家作主和依法治国有机统一的观念，树立国家一切权力属于人民的观念，树立权利和义务相统一的观念，自觉学习宪法、崇尚宪法、遵守宪法、维护宪法权威。

（二）全面学习宣传中国特色社会主义法律体系

全面学习宣传民商法、经济法、社会法、诉讼与非诉讼程序法等方面的法律。学习宣传维护国家安全、社会稳定、促进民族团结相关法律法规，树立总体国家安全观，维护社会大局稳定；学习宣传农民工服务和管理、突发事件应急管理、保密管理等相关法律法规，提高工会参与社会管理水平；学习宣传信访、投诉、调解、仲裁和法律援助等相关法律法规，引导职工依法理性表达利益诉求和维护自身合法权益，依法化解劳动关系矛盾和劳动争议。在传播法律知识的同时，更加注重弘扬法治精神、培育法治理念、树立法治意识，让广大工会工作者和职工群众真诚拥护和信仰法律，自觉守法、遇事找法、解决问题靠法。

（三）深入学习宣传保障职工和工会组织权益的法律法规

着眼于维护职工合法权益，发展和谐劳动关系，深入开展《劳动法》、《劳动合同法》、《劳动争议调解仲裁法》、《社会保险法》、《安全生产法》、《职业病防治法》、《女职工劳动保护特别规定》等涉及职工切身利益的法律法规的宣传。着眼深入推进工会改革和工会工作法治化建设，深入开展《工会法》、《中国工会章程》、《集体合同规定》、《工资集体协商试行办法》、《企业民主管理规定》等法律法规规章及规范性文件的宣传教育。着眼推动健全完善保障职工和工会组织权益的法律法规体系，广泛组织职工积极参与法律法规规章的制定和修改。

（四）努力推进职工法律文化建设

积极发挥传统文化、地方特色文化的教育、宣传功能，以多种艺术形式为载体，打造贴近实际、贴近生活、贴近职工的法治教育精品；鼓励支持职工艺术团、职工文艺队等文化团体参与职工法律文化建设，积极探索法治宣传教育新途径；精心组织编写、出版符合职工特别是农民工实际需求的法治音像、书刊、宣传画，不断满足职工群众的需求；发挥互联网、报纸、杂志等传媒在职工法律文化建设中的优势，构筑以新闻媒体为主渠道的多元化、广覆盖的法治宣传体系，努力形成特色鲜明、效果突出的职工法律文化氛围。

第三节　工会法治宣传教育的组织

工会法治宣传教育是工会履行维护、教育职能的重要组成部分，工会法治宣传教育是由各级工会的不同组织机构，以多种形式和方法共同进行的。

一、工会法治宣传教育的组织机构

工会法治宣传教育工作是工会宣传、法律部门工作的重要组成部分，同时，工会各业务工作中也体现了工会法治宣传教育的内容，如工会劳动保护工作、女职工工作中针对特殊群体的法治宣传教育，工会参与民主管理、推行平等协商签订集体合同等工作中进行的法治宣传教育。

专门性的工会法治宣传教育是指工会普法工作。按照全国普法办的要求，全国总工会在工会系统内开展行业普法活动。为保证普法活动取得成效，各级总工会一般成立普法领导小组，办公室设在本级总工会法律工作部门。承担法治教育职能的工会内部机构主要有四个。

（一）工会普法办公室

工会普法办公室的职责之一是负责工会干部法律知识的培训工作，对工会法律工作者、工会劳动争议调解员、兼职仲裁员、工会劳动法律监督员队伍进行培训。地方总工会和产业工会的法律工作部门有配合有关部门做好法律工作人员的培训和普法宣传工作的职责。企业、事业单位工会的法律工作部门也要对工会组织和职工进行法律知识普及与培训和专题法律知识教育。

（二）工会宣传教育部门

工会宣教工作有一项重要内容，即思想政治教育，而加强政策形势及民主法治教育是思想政治教育的有机组成部分。工会职工思想政治教育要加强民主和法治教育，普及《宪法》、《劳动法》、《工会法》、《劳动合同法》、《劳动争议调解仲裁法》等法律知识，引导职工增强法治观念，坚持依法办事、依法维权、遵纪守法，坚决同一切破坏社会稳定的违法现象作斗争，自觉维护安定团结的大好局面，自觉维护工人阶级队伍的团结稳定。

（三）工会组织部门

工会组织部门负责工会干部教育培训工作。各级工会组织部门在教育培训的统筹规划、综合管理、内容设计过程中，要把涉及工会以及与职工利益密切相关的法律法规知识作为重点培训内容，要协调工会干部院校等培训机构开设法治课程，加强对工会干部法律素质和依法履职能力的考核。

（四）总工会机关党组织

总工会机关党组织的职能本身就包括对党员进行遵纪守法的教育，同时党委领导下的纪律检查机构也要协助党委做好党的纪检工作方针、政策的宣传工作，进行党性、党纪、遵纪守法、为政清廉的教育，并以个案监督的形式，在检查处理党的组织和党员违反党纪案件的过程中，进行法治宣传教育。

二、工会法治宣传教育领导机构的主要职责

工会法治宣传教育领导机构的主要职责是：召开工会法治宣传工作会议；决定法治宣传教育的内容对象、宣传规划、实施方案；对法治宣传教育工作实施指导，统一部署、检查、验收和表彰；与党委、政府及其有关部门，以及社会团体、社会各方面进行协调。

各级工会要重视法治宣传教育队伍建设。随着依法治国方略的深入实施，工会工作法治化建设的不断推进，各级工会应当加强法治宣传教育队伍建设，配备专门人员负责普法工作，建立健全法治宣传教育工作责任制，明确职责，做到有部署、有检查，把普法工作落到实处。并把是否具备必要的法律知识和严格依法办事作为干部考核的一项重要内容。为推动工会法治宣传教育的顺利开展，各级工会还应当列支专项普法经费预算予以保证。

三、工会法治宣传教育工作的主要方法

（一）法律知识培训

全国总工会和各省、自治区、直辖市总工会不定期举办普法骨干培训班，有组织地轮训省、市、县总工会和大企业的工会干部。各地工会结合实际，利用多种形式，有计划地对基层工会干部和工会工作人员进行法律知识培训。推动工会法律知识纳入各级党政领导干部培训课程，提高工会工作影响力。

（二）发挥工会宣传工具和教育阵地作用

利用报纸、刊物、网络开辟法治教育专栏，有针对性地刊登法律知识，在电台、电视台播放法治宣传教育节目，利用文化宫、俱乐部、职工书屋、工会院校、学习强会等工会自身资源举办专题讲座、知识竞赛、文艺演出等多种形式的活动，加大普法宣传的广度和力度，积极地向职工宣传法律知识。工会院校开设法律课程或举办法律知识系列讲座，把法治宣传教育纳入教学计划，作为重要教学内容。发挥工会网站、“三微一端”平台的法治宣传功能，构建全方位、广覆盖的工会法治宣传教育网络。在充分利用传统有效的普法方式基础上，促进单向式传播向互动式、服务式、场景式传播转变，使普法更接地气，更为职工群众喜闻乐见。建设融“报、网、端、微、屏”为一体的全媒体法治传播体系，使互联网变成普法创新发展的最大增量。

（三）组织宣传活动

各地工会要结合本地的实际情况，有针对性地举办法治图片展览，开展法律知识咨询，组织法律知识竞赛等，努力创造法治宣传教育的社会氛围。特别是各地工会可以利用法律制定或颁布周年纪念日、“12・4”国家宪法日等契机，举办各类法

治咨询宣传活动。在职工服务中心、12351 职工维权热线、工会信访机构等平台加载法治宣传教育功能；在“尊法守法·携手筑梦”服务农民工公益法律服务行动、女职工维权行动月等专项活动中组织工会公职律师和法律援助志愿者深入一线、深入职工，大力宣传法律知识和政策规定，满足职工群众学法、用法的需求。

（四）编印普法学习资料

各级工会要组织专门力量，根据工会干部和职工的特点和需要，编写普法学习宣传资料，分发给工会干部和职工群众。地方工会还可以开展“送法上门”、“送法下基层”、“送法进社区”、“送法到厂矿”等贴近职工、服务职工、深受职工群众欢迎的活动。

第四节　工会法治宣传专项教育

工会法治宣传教育是一种普及教育，既面对广大职工群众，又面对广大工会干部。首先是为提高工会干部的法律意识和法律素质而开展的法治宣传教育；其次是对不同的职工群体进行不同内容的、有针对性的法治宣传教育。

一、对工会干部的法治宣传教育

（一）对工会干部开展法治宣传教育的意义

各级工会干部担负着组织、领导工会各项工作的重要职责。在新的历史条件下，工会干部必须善于依法建会、依法管会、依法履职、依法维权，运用法律手段开展工作，推动工会工作法治化建设，更好地参与加强和创新社会治理。学习法律知识，具备相应的法律素质，不仅是各级工会干部完成本职工作的需要，也是带领广大职工群众学法、用法和守法的需要。

（二）对工会干部开展法治宣传教育的重点

1. 增强工会干部的法治观念、提高工会干部的综合法律素质。

要继续以增强工会干部法律意识和法治观念为重要任务，将学习和掌握必备的法律知识作为对新时代工会干部的基本要求，使各级工会干部牢固树立社会主义法治理念。各级工会干部要加强对中国特色社会主义法律体系的学习实践，不仅要学习基本的法律知识，还应当联系工会工作的实际，突出重点，把《工会法》、《劳动法》、《劳动合同法》等有关职工和工会权益的法律法规以及依法行使职权必备的法律知识学深、学透，把法律赋予工会的权利用好、用足，掌握一些重要的法律基本原则，讲求实效，在工作实践中加以运用。

2. 建立和完善工会干部学法制度。

要把法治宣传教育作为工会干部教育的重要内容，把依法建会、依法管会、依法履职、依法维权能力和水平作为综合考核评价工会干部的重要内容。各级工会机关党委和工会法治宣传教育部门每年都要研究制订工会干部学法的具体计划，对工会干部的法律学习从内容、课时、学习形式以及检查考核等方面提出具体要求，制定具体措施。各级工会机关党委（党组）理论学习中心组每年集中学法不应少于两次。结合新颁布的法律、法规和实际工作需要，在党委（党组）理论学习中心组集中学法的基础上，每年应当举办工会领导干部教育专题讲座。把法治教育培训列入工会领导干部培训的整体计划之中，依托工会院校对工会领导干部进行法治宣传教育。干部脱产进修培训班应把法律课程作为必设课程，并保证法治教育课时的数量，逐步使干部法治教育培训正规化、系统化。

3. 坚持注重实践、学用结合的指导思想。

学法、懂法的目的在于实践。工会干部通过学习，可进一步提高依法建会、依法管会、依法履职、依法维权和推进工会法治建设的能力。学法和用法是一个辩证的过程，只有在工会工作实践中才能真正学好法律，只有认真学法才能具备依法维权的能力。因此，工会干部一定要坚持从学和用两个方面入手来提高法律知识水平和依法办事的能力。

二、对新就业形态劳动者、农民工和劳务派遣工的法治宣传教育

（一）工会开展面向新就业形态劳动者、农民工和劳务派遣工的法治宣传教育工作的重要性

新就业形态劳动者在我国经济社会发展中发挥着不可或缺的重要作用，解决好他们在劳动报酬、社会保障、劳动保护、职业培训、组织建设、民主参与和精神文化需求等方面面临的困难和问题，是落实习近平总书记重要指示精神和党中央决策部署的必然要求，是工会履行好维权服务基本职责的必然要求。农民工是我国产业工人队伍中的一支重要力量，是工人阶级的新成员，维护其合法权益不受侵害，是构建和谐劳动关系的重要内容。劳务派遣是一种新的用工形式，由于社会上对《劳动合同法》有关规定的误读、误解等，造成劳务派遣现象较为泛滥，劳务派遣工的合法权益遭受严重侵害，对职工队伍稳定和劳动关系和谐带来隐患。新就业形态劳动者、农民工和劳务派遣工的法律知识相对欠缺，自我保护能力相对较弱，通过法律手段解决合法利益诉求的意识不强，对他们开展有针对性和实效性的法治宣传教育，引导他们增强法治观念，树立遵纪守法意识，依法合理提出诉求，在法律和制度框架内解决矛盾纠纷，通过合法渠道维护自身权益，具有重要的现实意义。

（二）提高新就业形态劳动者、农民工和劳务派遣工法治宣传教育的针对性和适用性

近年来，新就业形态劳动者、农民工和劳务派遣工的队伍结构和知识结构发生了较明显的变化。特别是农民工中新生代逐渐成为主力，相对于传统的农民工，他们的文化和职业教育水平已有较大程度的提高，成长经历也趋同于城市同龄人，而劳务派遣工的知识结构和岗位综合素质也在不断优化和改进，对其开展法治宣传教育，需要在传统形式上有所突破，重点运用新媒体、新技术，务求实效。此外，新就业形态劳动者、农民工和劳务派遣工是相对弱势的群体，增强他们的自我保护能力和依法维权素质，是工会法治宣传教育工作的重点内容，需要高度关注他们的实际需求，加强劳动合同、社会保障、劳动保护等劳动权益维护密切相关的法律法规的宣传，增强法治宣传教育的效果。

（三）以依法维权为核心，增强法治宣传教育的吸引力和凝聚力

法治宣传教育要与工会法律服务工作结合起来，要同维护新就业形态劳动者、农民工和劳务派遣工合法权益结合起来，在提高权利意识的基础上，增强他们的法律意识和法治观念。可以在相对集中的园区建立专门的工会法律援助中心，既开展法律援助，维护新就业形态劳动者、农民工和劳务派遣工的合法权益，又开展法治宣传教育，增强他们的依法维权意识，变“被动学法”为“主动学法”。

三、对女职工的法治宣传教育

女职工法治宣传教育工作是工会女职工工作的一项重要内容。要加强对女职工的劳动法治宣传教育，进一步宣传《劳动法》、《妇女权益保障法》、《女职工劳动保护特别规定》等涉及

女职工特殊权益的有关法律法规，增强女职工的自我保护意识。开展女职工法治宣传教育工作要注重宣传效果，采取女职工喜闻乐见、易于接受的宣传方式，通过电视、报刊、网络等媒介，加大宣传力度，使广大女职工能够知法、懂法，运用法律武器保护自己。要注重强化企业特别是私营企业、乡镇企业以及外商投资企业对女职工劳动保护重要性的认识，提高其守法的自觉性。

思考题：

1. 怎样认识工会法治宣传教育工作的重要性？
2. 工会开展法治宣传教育工作的优势有哪些？

第七章　工会法人登记管理工作

工会法人登记管理，是指工会法人登记管理机关依照法律法规及政策规定，对依法依章程成立的基层工会审核确认其法人资格的一项基础性工作。自1992年《工会法》颁布实施以来，工会法人登记管理工作已开展了三十多年，在促进基层工会规范化建设、贯彻落实“组织起来、切实维权”工作方针、依法保护工会经费财产等方面取得了显著成效。

第一节　工会法人制度的内涵

法人制度是规范经济秩序以及整个社会秩序的一项重要法律制度。法人是相对于自然人而言的，由法律赋予其人格，是拟制的人，指的是具有民事权利能力和民事行为能力，依法独立享有民事权利和承担民事义务的组织。通过国家立法赋予组织以法律人格，是法人制度的基本内核。因此，什么样的组织具有或者可以取得法人资格，须由法律明确规定。

一、中国的法人制度

《中华人民共和国民法典》由第十三届全国人大第三次会议表决通过，自2021年1月1日起施行。《民法典》对我国的法人制度作了总体设计，规定法人的类型包括营利法人、非营利法人和特别法人。营利法人是以取得利润并分配给股东等出资人为目的成立的法人，包括有限责任公司、股份有限公司和其他企业法人等。非营利法人是为公益目的或者其他非营利目的成立，不向出资人、设立人或者会员分配所取得利润的法人，包括事业单位、社会团体、基金会、社会服务机构等。特别法人包括机关法人、农村集体经济组织法人、城镇农村的合作经济组织法人、基层群众性自治组织法人。

法人应当依法成立，法人的类型须依照法律的规定确立，不得自行创设法人。法人成立的具体条件和程序，依照法律、行政法规的规定。设立法人，法律、行政法规规定须经有关机关的批准，依照其规定。法人应当有自己的名称、组织机构、住所、财产或者经费。法人的民事权利能力和民事行为能力，从法人成立时产生，到法人终止时消灭。法人以其全部财产独立承担民事责任。依照法律或者法人章程的规定，代表法人从事民事活动的负责人，为法人的法定代表人。法定代表人以法人名义从事的民事活动，其法律后果由法人承受。法人章程或者法人权力机构对法定代表人代表权的限制，不得对抗善意相对人。法定代表人因执行职务造成他人损害的，由法人承担民事责任。法人承担民事责任后，依照法律或者法人章程的规定，可以向有过错的法定代表人追偿。法人以其主要办事机构所在地为住所。依法需要办理法人登记的，应当将主要办事机构所在地登记为住所。法人存续期间登记事项发生变化的，应当依法向登记机关申请变更登记。法人的实际情况与登记的事项不一致的，不得对抗善意相对人。登记机关应当依法及时公示法人登记的有关信息。

二、工会法人资格

工会是党领导的职工自愿结合的工人阶级群众组织，从法律性质上说，工会组织属于社会团体。目前，全国工会组织有中华全国总工会、地方总工会、产业工会、基层工会四大类别，由于不同类型工会的具体情况差别较大，《工会法》对工会的法人资格问题分两种情况作了规定。

（一）中华全国总工会、地方总工会、产业工会，具有社会团体法人资格

《工会法》第十五条第一款规定，中华全国总工会、地方总工会、产业工会具有社会团体法人资格。中华全国总工会是各级地方总工会和各产业工会全国组织的领导机关，负责指导各地方总工会和全国产业工会开展工作。地方总工会是工会的地方组织，按照我国地方行政区划建立，包括省、自治区、直辖市，设区的市和自治州，县（旗）、自治县、不设区的市三级，由同级工会代表大会民主选举产生。产业工会是同一行业或者性质相近的几个行业，根据需要建立的全国的或者地方的工会组织。

根据《民法典》规定，具备法人条件，基于会员共同意愿，为公益目的或者会员共同利益等非营利目的设立的社会团体，经依法登记成立，取得社会团体法人资格；依法不需要办理法人登记的，从成立之日起，具有社会团体法人资格。可见，社会团体法人资格有成立即取得和申请登记取得两种形式。根据《社会团体登记管理条例》规定，参加中国人民政治协商会议的人民团体不属于《社会团体登记管理条例》规定登记的范围。民政部《关于对部分团体免予社团登记有关问题的通知》明确，参加中国人民政治协商会议的人民团体不进行社团登记，具体包括工会、共青团、妇联、科协、侨联、台联、青联、工商联等 8 个人民团体。根据《中国人民政治协商会议章程》，县级以上工会属于参加人民政协的人民团体，因此中华全国总工会、地方总工会、产业工会不需要进行登记，成立即自然取得社会团体法人资格，《工会法》以法律形式予以确认。

（二）基层工会组织具备《民法典》规定的法人条件的，依法取得社会团体法人资格

《工会法》第十五条第二款规定，基层工会组织具备《民法典》规定的法人条件的，依法取得社会团体法人资格。基层工会是建立在各种所有制的企业、事业单位、机关和其他社会组织中的工会组织，它是工会组织体系中最基本的组织单位，是整个工会的组织基础和工作基础。此外，基层工会还包括村（社区）工会，区域性、行业性工会联合会等。根据《中国工会章程》和全国总工会有关文件精神，乡镇（街道）工会承担地方工会和基层工会双重职责，具备条件的，可以成立总工会。

基层工会是否具有社会团体法人资格，要按照《民法典》规定的法人条件依法予以确认，即要符合《民法典》关于法人的条件。基层工会组织依法成立，有自己的名称、组织机构、住所、财产或者经费是申请取得社会团体法人资格的必要条件。当然，由于工会组织的群众组织性质，其成立还要符合《中国工会章程》的有关规定。具体来讲，一是程序要合法。根据《工会法》第十二条规定，基层工会、地方各级总工会、全国或者地方产业工会组织的建立，必须报上一级工会批准。同时，根据《中国工会章程》有关规定，工会组织的成立及选举结果要报上一级工会批复。因而，基层工会成立及选举结果必须报上一级工会批准，得到上级工会的正式批复。二是组织形式合法。《工会法》和《中国工会章程》中明确的工会组织形式有总工会、工会委员会、工会联合会、联合工会等。《中国工会章程》第十二条第一款规定，县和县以上各级地方总工会委员会，根据工作需要可以派出代表机关。工会派出代表机关的主要形式为工会工作委员会或工会办事处等。三是组织机构合法。《民法典》第九十一条规定，社会团体法人应当设会员大会或者会员代表大会等权力机构。社会团体法人应当设理事会等执行机

构。根据《工会法》和《中国工会章程》有关规定，工会各级组织按照民主集中制原则建立。基层工会委员会和经费审查委员会须由会员大会或者会员代表大会民主选举产生。

《工会法》只规定了具备《民法典》规定的法人条件的基层工会组织依法取得社会团体法人资格，但对如何依法取得没有规定。《最高人民法院关于产业工会、基层工会是否具备社团法人资格和工会经费集中户可否冻结划拨问题的批复》（2020 年 12 月 23 日修订）第一条中规定，“根据《中华人民共和国工会法》（以下简称工会法）的规定，产业工会社会团体法人资格的取得是由工会法直接规定的，依法不需要办理法人登记。基层工会只要符合《中华人民共和国民法典》、工会法和《中国工会章程》规定的条件，报上一级工会批准成立，即具有社会团体法人资格”。这个司法解释解决了基层工会到哪里登记的问题，明确了基层工会组织法人资格不需要到工会外部登记，由工会系统内部登记即可。

第二节　工会法人登记管理工作的意义和依据

工会组织作为职工利益的代表者和维护者，履行维权服务职责，其身份资格首先应当依法得到确认。开展工会法人登记管理工作，是依法确认工会独立民事主体地位和法人身份的重要途径，也是推进工会规范化法治化建设、增强基层工会活力、保护基层工会合法权益的现实需要。

一、工会法人登记管理工作的意义

基层工会直接联系和服务职工群众，是工会全部工作的基础，是落实工会各项工作的组织者、推动者和实践者，通过工会法人登记管理工作依法确认其法人身份，明确独立的民事法律主体地位，对基层工会对外从事民事活动，对内代表职工签订集体合同、协调劳动关系、独立自主地管理使用工会经费财产等，具有十分重要的意义。

（一）有利于增强基层工会的法律意识、责任意识

基层工会取得法人资格，工会主席是工会的法定代表人，可以工会法人名义从事民事活动。工会法定代表人必须按照《工会法》和《中国工会章程》以及工会会员大会的授权行使职权，不得以工会法人名义从事职权范围以外的民事活动。工会工作人员违反《工会法》规定，损害职工或者工会权益的，由同级工会或者上级工会责令改正，或者予以处分；情节严重的，依照《中国工会章程》予以罢免；造成损失的，应当承担赔偿责任；构成犯罪的，依法追究刑事责任。

（二）有利于推进基层工会组织的规范化、法治化建设

基层工会取得法人资格，必须符合《民法典》规定的条件，应当有自己的名称、组织机构、住所、财产或者经费，设有会员大会或会员代表大会（权力机构）并依法选举产生工会委员会（执行机构）。这就能够促使基层工会按照《工会法》的要求，规范工会组建，健全组织机构。

（三）有利于发挥基层工会维护职工权益、协调劳动关系的重要作用

基层工会取得法人资格，与用人单位法人成为平等的民事主体，有利于基层工会代表职工与用人单位进行平等协商，监督用人单位贯彻实施劳动法律法规，为职工提供法律服务。在工会权益受到侵害时，可以工会自己的名义提起诉讼。

（四）有利于基层工会经费和资产的保护、管理与使用

基层工会取得法人资格，领取赋有统一社会信用代码的《工会法人资格证书》后，可以开立银行账户，便于工会经费独立管理使用，更好发挥工会作用，也有利于保护工会财产，防止工会资产流失。

二、工会法人登记管理工作的依据

工会开展法人登记管理工作，有明确的法律和政策依据。

（一）有关法律规定

《工会法》第十五条规定：“中华全国总工会、地方总工会、产业工会具有社会团体法人资格。基层工会组织具备民法典规定的法人条件的，依法取得社会团体法人资格。”

《最高人民法院关于产业工会、基层工会是否具备社团法人资格和工会经费集中户可否冻结划拨问题的批复》（2020 年 12 月 23 日修订）第一条规定：“根据《中华人民共和国工会法》（以下简称工会法）的规定，产业工会社会团体法人资格的取得是由工会法直接规定的，依法不需要办理法人登记。基层工会只要符合《中华人民共和国民法典》、工会法和《中国工会章程》规定的条件，报上一级工会批准成立，即具有社会团体法人资格。”

《最高人民法院关于在民事审判工作中适用〈中华人民共和国工会法〉若干问题的解释》（2020 年 12 月 23 日修订）第一条规定：“人民法院审理涉及工会组织的有关案件时，应当认定依照工会法建立的工会组织的社团法人资格。具有法人资格的工会组织依法独立享有民事权利，承担民事义务……”

（二）中国工会章程有关规定

《中国工会章程》第二十五条规定，“基层工会组织具备民法典规定的法人条件的，依法取得社会团体法人资格，工会主席为法定代表人”。

（三）全总有关文件

1997 年 10 月，全国总工会印发《基层工会法人资格登记办法》，对基层工会法人登记管理工作作出统一规范。2008 年 6 月，全国总工会结合形势要求，修订《基层工会法人资格登记办法》，进一步明确了基层工会取得法人资格的条件、方式和程序。2008 年 8 月，全国总工会办公厅下发《关于制备工会法人资格登记专用章规格和样式的通知》，统一了各地基层工会法人资格登记印章格式。2010 年 10 月，全国总工会办公厅下发《关于进一步加强基层工会法人资格登记管理工作的通知》，对基层工会办理法人资格证、领取组织机构代码证和开设银行账号提出了目标要求。2020 年 12 月，全国总工会印发新修订的《基层工会法人登记管理办法》，对工会法人登记管理工作的适用范围、基本原则、管理体制、经费保障等作出新规定，进一步增强工作的科学性和操作性。

第三节　工会参与统一社会信用代码制度建设

统一社会信用代码对于包括工会在内的法人和其他组织的意义相当于“身份证”，具有唯一性、兼容性、稳定性、全覆盖、协调性等特点。通过与法人资格证书、统一社会信用代码证书等作为载体的登记证照之间建立“一一对应”的映射关系，有效解决了我国法人和其他组织长期存在的“多头赋码”、“多码共存”等诸多问题。社会主义市场经济是信用经济，也是法治经济。《法治社会建设实施纲要（2020—2025 年）》明确提出要加快推进社会信用体系建设，建立以公民身份证号码和组织机构代码为基础的统一社会信用代码制度。工会是我国经济社会生活中重要的社会主体和法律主体，在工会系统推进实施统一社会信用代码制度，是贯彻落实中共中央、国务院关于构筑社会信用体系决策部署的必然要求，也是工会提升治理能力和治理水平的重要手段，对深化工会改革创新、提升工会法治意识、夯实基层工会基础以及提升工会工作信息化水平等，具有重要意义。

一、工会参与统一社会信用代码制度建设情况

2015 年 6 月，《国务院关于批转发展改革委等部门法人和其他组织统一社会信用代码制度建设总体方案的通知》（以下简称《通知》）下发，提出国家将建立覆盖全面、稳定且唯一的法人和其他组织统一社会信用代码制度。《通知》发布实施以来，全国总工会按照有关精神要求，大力推动工会统一社会信用代码制度建设。

（1）申请码段。以全国总工会办公厅名义向原国家质检总局申请为工会系统预赋 250 万个 9 位主体标识码码段。

（2）联合发文。与原国家质检总局于 2016 年 6 月联合下发《关于基层工会组织实施法人和其他组织统一社会信用代码制度的通知》，指导和规范全国基层工会实施法人统一社会信用代码制度。

（3）参与制定国家标准。为提升工会统一社会信用代码识别度，向国家标准委建议在编码规则中，工会法人登记管理部门代码为“8”，被最终采纳。

（4）组织召开工作推进会。全国总工会于 2016 年 9 月、2017 年 11 月先后组织召开部署会、推进会，对工会法人登记管理和统一社会信用代码赋予工作进行布置和督促。

（5）开发赋码办证系统。2016 年 9 月，委托国家代码中心开发工会统一社会信用代码赋码登记系统，实现了赋码办证、数据回传等主要功能。2020 年，在对工会统一社会信用代码赋码登记系统升级完善的基础上，全国总工会建成综合性多功能的工会法人数据库系统，具体包括工会法人网上管理平台（地方工会办证人员使用的信息管理系统，即原工会统一社会信用代码赋码登记系统）、工会法人网上办证平台（面向基层工会网上办证）、工会法人网上查询平台（面向社会信息查询）。

（6）制定《基层工会法人登记管理办法》。于2020年12月8日印发新修订的《基层工会法人登记管理办法》，指导基层工会法人登记管理和统一社会信用代码赋予工作。编写《工会法人登记管理工作指南》，为有关工作提供便利和参考。

二、工会组织统一社会信用代码载体

2015年12月，国家发展改革委组织召开的法人和其他组织统一社会信用代码载体协调会纪要明确，“机构编制由机构编制部门负责管理的工会组织，由机构编制部门赋码，以机构编制部门制发的统一社会信用代码证书作为载体；基层工会、产业工会由其上级工会赋码，以工会法人资格证书作为载体”。但“依法成立却不具有法人资格的工会组织无法取得统一社会信用代码”问题，并未得到有效解决。为实现《通知》明确的“源头赋码，全面覆盖”、“确保统一社会信用代码覆盖所有法人和其他组织”，《基层工会法人登记管理办法》规定，“县以上各级地方总工会派出的工会工作委员会、工会办事处等工会派出代表机关，工会会员不足二十五人仅选举组织员或者工会主席一人主持工作的基层工会，可以参照本办法规定申请取得统一社会信用代码证书”，有效解决了能否领取和如何领取统一社会信用代码的问题，真正实现了工会组织领取统一社会信用代码的“全覆盖”和“无交叉”。

目前，工会组织领取加载统一社会信用代码的载体有三种：一是机构编制由机构编制部门负责管理的工会组织，由机构编制部门赋码，以机构编制部门制发的统一社会信用代码证书作为载体。二是基层工会、产业工会由其上级工会赋码，以工会法人资格证书作为载体。三是非法人工会组织申请领取统一社会信用代码，以工会统一社会信用代码证书为载体。

三、工会组织统一社会信用代码组成

工会组织统一社会信用代码为 18 位，由登记管理部门代码、机构类别代码、登记管理机关行政区划码、组织机构代码、校验码五个部分组成（表 7-1）。

表 7-1　工会组织统一社会信用代码构成

代码序号	1	2	3	4	5	6	7	8	9	10	11	12	13	14	15	16	17	18
代码	×	×	×	×	×	×	×	×	×	×	×	×	×	×	×	×	×	×
说明	登记管理部门代码1位	机构类别代码1位	登记管理机关行政区划码6位						主体标识码（组织机构代码）9位									校验码1位

第一部分（第 1 位）为登记管理部门代码。根据 GB 32100—2015《法人和其他组织统一社会信用代码编码规则》，工会登记管理部门代码为“8”。

第二部分（第 2 位）为机构类别代码。目前共有“1”、“2”、“9”三种类型。“1”是指基层工会，具体包括企业、事业单位、机关和其他社会组织等基层单位单独或联合建立的工会组织，区域性、行业性工会联合会，开发区（工业园区）工会，乡镇（街道）工会，村（社区）工会等工会组织。“2”是指依法成立但又不具有法人资格的工会组织，具体包括县以上各级地方总工会派出的工会工作委员会、工会办事处等工会派出代表机关，工会会员不足二十五人仅选举组织员或者工会主席一人主持工作的基层工会。“9”是指其他工会，是除基层工会和工会非法人以外的其他工会组织，目前包括开发区（工业园区）总工会、乡镇（街道）总工会以及参照《基层工会法人登记管理办法》申请取得统一社会信用代码的各级产业工会委员会。

第三部分（第3—8位）为登记管理机关行政区划码。

第四部分（第9—17位）为主体标识码（组织机构代码）。

第五部分（第18位）为校验码。

第四节　工会法人登记管理的内容

工会法人登记管理从业务类型上来看，主要包括申请登记、变更登记、注销登记等。

一、申请登记

申请登记是指符合登记条件的基层工会，在规定时间内，向登记管理机关申请工会法人资格登记的行为。

（一）登记条件

基层工会申请法人资格登记，应当具备以下条件。

1. 依照《工会法》和《中国工会章程》的规定成立。

一是程序合法。根据《工会法》和《中国工会章程》有关规定，基层工会成立及选举结果必须报上一级工会批准，得到上级工会的正式批复。二是组织形式合法。《工会法》和《中国工会章程》中明确的工会组织形式有总工会、工会委员会、工会联合会、联合工会以及工会工作委员会或工会办事处等。三是组织机构合法。工会各级组织按照民主集中制原则建立。

各级工会委员会由会员大会或者会员代表大会民主选举产生。基层工会委员会和经费审查委员会由会员大会或者会员代表大会民主选举产生。

2. 有自己的名称、组织机构和住所。

《民法典》第六十三条规定，“法人以其主要办事机构所在地为住所。依法需要办理法人登记的，应当将主要办事机构所在地登记为住所”。

3. 工会经费来源有保障。

不管基层工会有没有经费存量，只要工会经费来源有保障即可。需要注意的是，基层工会取得法人资格，不以所在单位是否具备法人资格为前提条件。基层工会与所在单位是各自独立、相互平等的法律主体，在法律上不能互相替代。基层工会法人属于社会团体法人。所在单位有可能是企业法人、事业单位法人、机关法人、社会团体法人等，也有可能属于分公司、连锁店等，不具有法人资格。

（二）申请时间

根据《基层工会法人登记管理办法》第十一条规定，符合条件的基层工会，应当于成立之日起六十日内，向登记管理机关申请工会法人资格登记。

（三）提交材料

工会法人资格登记申请表、上级工会的正式批复文件、其他需要提交的证明及文件。上级工会的批复文件包括批复同意成立工会（筹备组）文件或换届的文件以及批复同意选举结果的文件。

二、变更登记

变更登记是指已取得工会法人资格的基层工会因变更名称、住所、法定代表人等事项，向登记管理机关申请变更登记的行为。

（一）变更登记事项

法人的登记事项，往往是与其基本存在条件有重大关系的事项，如组织形式、目的范围、注册资本、法定代表人等。《社会团体登记管理条例》第十二条规定，登记事项包括：名称、住所、宗旨、业务范围和活动地域、法定代表人、活动资金、业务主管单位。对于工会法人来说，《工会法》和《中国工会章程》对工会的组织形式、性质、宗旨、经费等都有明确规定，只有工会名称、住所、法定代表人可能发生变化，所以工会法人登记变更事项包括工会组织的名称、住所和法定代表人。

（二）变更登记时限

根据《基层工会法人登记管理办法》第十八条规定，基层工会变更名称、住所、法定代表人等事项的，应当自变更之日起三十日内，向登记管理机关申请变更登记。如不及时办理变更登记，根据有关法律规定，法人的实际情况与登记的事项不一致的，不得对抗善意相对人。

（三）登记管理权限变更

基层工会法人跨原登记管理机关辖区变更组织关系、经费收缴关系或住所的，由原登记管理机关办理登记管理权限变更手续，将该基层工会法人登记管理关系转移到变更后的登记管理机关。

三、注销登记

注销登记是指取得工会法人资格的基层工会经会员大会或会员代表大会通过并报上一级工会批准撤销的，或因所在单位终止、撤销等原因相应撤销的，向登记管理机关申请注销登记的行为。

（一）申请注销登记的情形

一是所在单位终止或被撤销，基层工会相应撤销。这种情形需要向上一级工会备案。二是基层工会经会员大会或会员代表大会通过，并报上一级工会批准撤销。这种情况必须报上一级工会批准，需要有上一级工会同意撤销的文件。

（二）申请及办理时限

根据《基层工会法人登记管理办法》第二十二条规定，基层工会应当自撤销之日起三十日内，向登记管理机关申请注销登记，并提交工会法人注销登记申请表、上级工会同意撤销的文件或向上级工会备案撤销的文件，以及该基层工会经费、资产清理及债权债务完结的证明等材料。登记管理机关自受理注销登记申请之日起十五日内完成审查登记，收回《工会法人资格证书》。

（三）基层工会撤销或者解散后的工会资产处理

《中国工会章程》第四十一条规定，“工会组织合并，其经费资产归合并后的工会所有；工会组织撤销或者解散，其经费资产由上级工会处置”。工会组织合并、撤销、解散的，其资产的产权或者使用权发生了转移，需要根据处置行为的性质不同，报上级工会履行相应的报批程序。

第五节　工会法人登记的监督管理

加强对基层工会法人登记管理工作的监督管理，有利于及时总结工作经验，及时发现解决有关问题，推动工作顺利开展。

一、监督指导

《基层工会法人登记管理办法》第二十九条规定，登记管理机关应当加强对基层工会法人资格登记工作的监督管理，基层工会应当接受并配合登记管理机关的监督管理。上级工会应当加强对下级工会开展基层工会法人登记管理工作的指导和监督检查。《基层工会法人登记管理办法》明确了登记管理机关对基层工会法人资格登记工作进行监督管理的职责。各级地方总工会要严格执行《基层工会法人登记管理办法》，自觉接受全总和上级总工会的领导，基层工会法人登记管理工作中的重大问题应当及时向上级工会直至全总请示报告。

二、撤销登记

《基层工会法人登记管理办法》第三十条规定，不具备条件的基层工会组织或机构在申请登记时弄虚作假、骗取登记的，由登记管理机关予以撤销登记，收回《工会法人资格证书》和统一社会信用代码。申请取得工会法人资格，应当遵循诚信、合法、真实、有效的原则。对于基层工会组织或机构以欺骗方式取得工会法人资格的行为，应及时予以调查核实。经调查核实的，应作出撤销登记处置，收回《工会法人资格证书》或统一社会信用代码。

三、审查责任

《基层工会法人登记管理办法》第三十一条规定，登记管理机关审查不严，或者滥用职权，造成严重后果的，依法依纪追究有关责任。在工会法人登记管理实践中，可能存在因登记管理工作人员审查不严，或者滥用职权，造成错误登记的情况。工会法人登记管理工作人员因个人过错或重大过失等原因，导致错误登记并造成损失的，应根据所在登记管理机关要求，承担相应赔偿责任；如造成严重后果、构成违纪违法的，还应当接受相应的违纪违法处置。

四、制定实施细则

各省级工会要推动《基层工会法人登记管理办法》在本地区工会法人登记管理工作的各个方面、各个环节得到贯彻落实，加强配套制度建设，在遵照执行全国总工会规定的基础上，结合本地实际情况，专门制定具有针对性和可操作性的工会法人登记管理实施细则，就相关工作内容、标准、流程等事项作出补充安排，对新出现的重点难点问题制定工作文件，并及时报全国总工会备案审查，确保全国总工会各项工作要求能够在实践中得到切实有效的贯彻执行。

思考题：

1. 基层工会所在单位不具有法人资格，基层工会能否取得社会团体法人资格？

2. 怎么认定基层工会是否依法依章程成立？

3. 工会法人资格证书过了有效期，是否影响工会组织的社会团体法人资格？

第八章　工会法律工作的法学基础

党的十八大以来，习近平总书记从坚持和发展中国特色社会主义全局和战略高度，定位法治、布局法治、厉行法治，创造性提出了关于全面依法治国的一系列新理念新思想新战略，形成习近平法治思想，为新时代全面依法治国提供了根本遵循。党的十九大报告明确指出，全面依法治国是中国特色社会主义的本质要求和重要保障。全面依法治国是国家治理的一场深刻革命。党的二十大报告指出，我们要坚持走中国特色社会主义法治道路，建设中国特色社会主义法治体系、建设社会主义法治国家，围绕保障和促进社会公平正义，坚持依法治国、依法执政、依法行政共同推进，坚持法治国家、法治政府、法治社会一体建设，全面推进科学立法、严格执法、公正司法、全民守法，全面推进国家各方面工作法治化。

工会法律工作应当深入学习贯彻习近平法治思想和习近平总书记关于工人阶级和工会工作的重要论述，切实加强党对工会工作的领导、落实党中央关于工会改革新要求，保持和增强工会组织政治性、先进性、群众性，不断推进法治化、规范化建设，不断提高依法维权的能力和水平，推动工会工作走上法治化轨道，更好履行工会维护职工合法权益、竭诚服务职工群众基本职责。这是在新的历史条件下，全面履行工会各项社会职能，在国家和社会政治生活中更好地发挥工会组织应有作用的必然要求。依法建会、依法管会、依法履职、依法维权，正是贯彻党的全面依法治国基本方略对工会工作提出的核心要求和实质内涵。推进工会工作法治化，就是要求我国工会在中国共产党的领导下，严格依照宪法、法律和工会章程的规定，独立自主地开展活动，依法维护职工和工会组织的权益，用国家法律规范工会自身行为，切实加强各项制度建设，使工会各项工作都能逐步走上法治化、规范化的轨道。

第一节　开展工会法律工作的法律基础知识

工会法律工作的专业性要求工会法律工作者必须具备专门的法律知识。事实上，在整个社会法治化程度不断提高的今天，工会组织、工会干部以及广大职工都需要具备一定的法律基础知识，并尽可能多地了解和掌握《工会法》、《劳动法》、《劳动合同法》等最基本的工会及劳动法律的有关规定，这样才能更加有效地维护自身的合法权益。

一、法律与法律体系

法律是由国家制定或认可的、应由全社会一体遵行的、并由国家强制力保证其实施的行为规范的总和。法律是国家意志的体现，是由国家机关依其职能范围并按一定的程序创制的规范性文件；法律规定了人们在一定社会关系中的权利和义务，并以规定权利义务的方式规范全体社会成员的行为，调整他们之间的相互关系；法律应由国家强制力保证实施，对社会成员具有普遍的约束力。

任何事物都是形式和内容的统一体。法律作为一种特定的社会事物，也必然通过一定的形式表现出来。按照一般的法学理论，法的不同的表现形式就是法的渊源，实际就是法的表现形态和形式。法的形式是区别法与其他社会规范的重要标志。从我国法制建设的实践看，当代中国法的主要表现形式包括：

宪法、法律、行政法规、地方性法规、自治法规、行政规章和国际条约等。其中宪法、法律和行政法规在中国法的形式体系中居于最重要的地位，而在这三者中，宪法是国家的根本大法，是制定其他一切法律法规的出发点和依据。

宪法统领下的一国现行的全部法律规范，按照其所调整的社会关系的不同而分类组合构成的一个体系化的统一整体，就形成了一个国家的法律体系。新时代以来，社会主义法治国家建设深入推进，全面依法治国总体格局基本形成。党的二十大报告首次单独把法治建设作为专章论述、专门部署，擘画了法治中国建设的远景目标，为新时代全面依法治国指明了前进方向，提供了根本遵循。

法律体系包含了一个国家的全部现行法律，是一个系统化的有机整体。在法律体系当中，按照法律规范自身的不同性质及其调整的社会关系的不同所划分的不同的法律规范的总和，就形成了法律部门，也称部门法。不同的法律部门调整不同的社会关系。根据法律所调整的社会关系以及调整方法的不同，我国的法律体系可以划分为以下法律部门：宪法及相关法、行政法、民商法、经济法、刑法、社会法、诉讼与非诉讼程序法。对于工会来说，所有这些法律形式和不同的法律部门，都有可能是工会职能发挥和工作开展的法律依据和准则。工会作为一个社会主体，必须在宪法和法律的规范下行动，而宪法和法律也是工会职能实现和作用发挥的保障。

二、法的类型和法律关系

依据不同的标准，法律可以有不同的分类方法。按照法律的创制方式和表达形式的不同，法律可以分为成文法和不成文法。成文法又称制定法，是国家机关通过一定程序制定和公布，以具体的法律条文形式出现的法。与之相对，不成文法就是具有法律效力但没有条文形式的法。英美法系国家是传统的不成文法国家，这些国家的法律以判例为主，制定法为辅。我国是成文法国家。

依据法律的效力、地位和制定、修改程序的不同，法律可以分为根本法和普通法。根本法指宪法，它规定的是国家的政治制度、国家结构、公民基本权利和义务等国家的根本性问题。普通法是调整社会关系某个领域问题的法律，是除宪法以外的其他法律，其效力和地位低于宪法，且其制定和修改的程序比根本法简单。我国的《刑法》、《劳动合同法》等法律，即属于普通法范畴。

依据法律的不同内容，法律可以分为实体法和程序法。实体法是规定各种权利义务的法律，而程序法是为了保证实体法所规定权利的实现和义务的履行而制定的程序性法律。如《刑法》属于实体法，而《刑事诉讼法》则属于程序法。

按照法律的效力范围，法律可以分为一般法和特别法。一般法是指在一国范围内，对所有的人和事都适用的法律；特别法则是只适用于特定地区、特定人、特定领域或者在特定时间有效的法律。例如，《民法典》与《著作权法》之间，《民法典》即是一般法，而《著作权法》相对而言就属于特别法。一般情况下，在同一领域，法律适用遵循特别法优于一般法的原则。

因制定主体的不同，法律可以分为国内法和国际法。国内法是由一个主权国家制定的、在本国领域内适用的法律，国际法则是指由不同国家之间通过订立协议、条约或通过缔结、参加国际公约而形成的规定和调整国与国之间双边或者多边关系的法律。

在我国，党的政策虽然不属于法律体系的组成部分，但与法律有着密切的联系和高度的一致性。法律以政策为先导。在法的制定过程中，要参考当时国家和执政党政策的总体精神，在立法上体现为法律的基本原则，使之成为国家意志。政策和法律作为调整社会关系的两种形式，也是治国的两种互为补充的手段。法律具有严肃性、稳定性，政策则具有灵活性。党的政策一旦通过法律程序转化为国家法律，就具有了法律效力而应得到全社会的一体遵行。

不同类型的法律的共同职能就是调整社会关系。法律在规范调整社会关系的过程中所形成的人们之间的权利义务关系就形成了法律关系。法律关系是根据法律规范建立的社会关系，是特定法律主体之间的权利和义务关系。工会作为社会主体，必然要参加各种社会关系，所参加的社会关系一旦受到法律的规范和调整，就形成了法律关系。工会的行为和活动受法律约束，同时也要得到法律的保障，这是社会法治化的必然要求，也是工会工作法治化的意义所在。

第二节　工会工作的法律依据及体系建设

法律的生命力在于实施，法律的权威也在于实施。在整个社会的法治化进程当中，中国工会提出了依法建会、依法管会、依法履职、依法维权的方针。工会依法维权、依法治会的法律依据主要包括涉及劳动者的劳动权益、劳动者的民主权利以及工会自身的权益的法律规范。这些法律规范共同构成了与工会工作相关的一个法律的有机组合。

一、工会组织权益保障法律体系

工会法是规定工会的性质、职能、权利义务和法律地位，调整工会与政府、工会与用人单位、工会与工会会员和职工以及工会与其他组织之间关系的法律规范的总称。

党和政府历来重视工会的地位作用，十分注重加强工会法律制度建设。早在 1950 年，中华人民共和国成立不久，中央人民政府即颁布了新中国第一部《工会法》。1950 年的《工会法》对于调整新中国成立之初的基本社会关系，发挥了重要的作用，也成为以后进行相关立法的重要参考和依据。我国现行的《工会法》是 1992 年第七届全国人民代表大会第五次会议审议通过的，2001 年、2009 年、2021 年全国人大常委会先后对其作了修改。2003 年，最高人民法院出台了《关于在民事审判工作中适用〈工会法〉若干问题的解释》，于 2020 年 12 月修正部分规定，为工会干部的权益保障、工会经费和财产的保护提供了更为明确和易于操作的法律保障。2021 年 12 月修改后的《工会法》，突出党对工会工作的领导，从立法上明确工会是中国共产党领导的职工自愿结合的工人阶级群众组织，是中国共产党联系职工群众的桥梁和纽带；将习近平新时代中国特色社会主义思想明确规定为工会组织和工会工作的指导思想，强调工会要保持和增强政治性、先进性、群众性，加强对职工的思想政治引领；将党中央推进产业工人队伍建设改革的决策部署通过法定程序转化为国家意志，并明确规定工会要加强职业教育，组织劳动和技能竞赛活动；与时俱进拓展职工入会权利，明确了新就业形态劳动者、社会组织中劳动者加入和组织工会的权利；拓展了工会的基本职责，丰富了工会协调劳动关系的手段和维权内涵，对工会工作创新发展提供了更为开阔的空间和更加明确的工作指引。

《工会法》作为规范工会权利和义务的法律，对于工会开展工作具有最为直接的指导作用，对于工会实现维护、建设、参与、教育等各项职能提供了最为重要的法律依据。各地的工会法实施办法和工会条例是对《工会法》的细化和补充，是各地工会开展工作、履行职责的直接依据。各省、自治区、直辖市根据修改后的《工会法》相继着手开展地方工会法实施办法或者工会条例的修改工作，为工会职能的实现、作用的发挥和工会工作的开展，提供更为直接的依据。截至2022年底，上海、山西、江西、甘肃、云南已完成相关地方性法规的修改。

二、劳动者劳动权益保障法律体系

劳动法是调整劳动关系及与劳动关系密切相关的其他社会关系的法律规范的总称，包括劳动基本法、专门性劳动法律、劳动行政法规、部颁劳动规章和地方性劳动法规等。

劳动法属于社会法范畴，是法律体系的重要组成部分。劳动法由工厂立法逐步发展而来，是资本主义发展到一定阶段的必然产物。从产生发展的过程来看，劳动法逐步从民法中分离出来，越来越表现出兼具私法性质和公法性质的社会法特征。劳动法调整的是劳动关系以及与劳动关系密切联系的一些关系的重要法律。劳动法的内容一般包括就业、劳动合同、集体合同、工资、工作时间和休息休假、劳动安全卫生、职业培训、女职工和未成年工的特殊保护、社会保险和福利以及劳动争议处理等方面。有的国家的劳动法还将涉及工会的相关内容也包含在内，并作出了专门规定。

我国的《劳动法》于1994年7月5日颁布，1995年1月1日正式实施，共13章107条。《劳动法》颁布之前，我国也进行了一系列涉及劳动内容的相关立法，如1950年劳动部颁布的《劳动争议解决程序的规定》、1951年政务院公布的《劳动保险条例》以及1956年国务院通过的《工厂安全卫生规程》、《建筑安装工程安全技术规程》和《工人职员伤亡事故报告规程》三大规程。

1994年颁布的《劳动法》是新中国成立以来劳动保障领域的第一部基本法律，也是新中国第一部以保护劳动者合法权益为宗旨，全面规范和调整劳动关系的法律。它以法定最低标准和契约自由相结合的方式调整劳动关系，具有调整市场化劳动关系的法律特色。

根据《劳动法》的规定，2007 年之前，我国相继制定了《职业病防治法》、《安全生产法》、《失业保险条例》、《工伤保险条例》、《集体合同规定》、《最低工资规定》等一系列法律法规和规章。2007 年之后，我国的劳动法制建设经历了一个比较快速的发展完善时期，《劳动合同法》、《就业促进法》、《劳动争议调解仲裁法》、《社会保险法》、《劳动合同法实施条例》、《残疾人就业条例》、《职工带薪年休假条例》、《女职工劳动保护特别规定》、《劳务派遣行政许可实施办法》、《工伤职工劳动能力鉴定办法》、《劳务派遣暂行规定》、《保障农民工工资支付条例》等劳动法治领域重要的法律法规和规章相继颁布实施，最高人民法院也出台了一系列调整劳动关系的司法解释。据统计，自《劳动法》实施以来，在全国总工会和各级工会的积极参与和推动下，国家颁布与劳动有关的全国性的法律、法规、规章和司法解释超过 100 件，各地出台了许多维护职工权益的具体法规规章。我国的劳动法律体系已经初步形成。

《劳动法》以维护劳动者的合法权益为立法宗旨，《劳动法》的颁布实施，得到了广大劳动者的拥护和支持，实际运行当中，也确实发挥了非常重要的作用，为维护劳动者的合法权益，促进市场经济下劳动关系的和谐稳定提供了重要法律保障，对我国的现代化建设具有至关重要的保证和推动作用。《劳动合同法》等劳动法律，从我国经济发展和劳动关系调整的实际出发，通过各项重要制度的确立，进一步完善了我国的劳动法律体系，在维护劳动者合法权益、促进劳动关系及社会和谐稳定方面，发挥着重要作用。工会是职工的代表组织，维护职工合法权益、竭诚服务职工群众是工会的基本职责。被劳动者誉为

“保护神”的《劳动法》及其他重要的劳动法律，必然是工会开展各项工作的重要而有效的法律依据。

三、职工民主管理权利保障法律体系

企业法是指规范各类企业的行为，规定其权利义务的法律规范的总称。企业法对企业作为一个经济体在经济运行中的权利和义务作出规定，它是规范企业行为的法律规范，也是企业正常运行的法律保证。我国有关企业的立法主要针对各类企业的不同特点，制定相应的法律规范，有关企业立法涉及法律的各个层次。我国的企业法是一个包括法律、行政法规和部门规章等在内的有机整体，主要的构成包括：《公司法》、《合伙企业法》、《个人独资企业法》、《全民所有制工业企业法》、《外商投资法》、《乡镇企业法》、《城镇集体所有制企业条例》等。一系列的企业法律规范都对职工民主权利作了相应的规范，职工民主管理权益保障法律体系也有了一定的基础。需要特别强调的是，2012 年 3 月，中央纪委、中央组织部、国务院国资委、监察部、中华全国总工会、全国工商联等全国厂务公开协调小组成员单位联合下发了《企业民主管理规定》。这是我国首次全面规范以职工代表大会为基本形式的企业民主管理制度，并且打破了企业所有制界限，明确非公有制企业也应实行民主管理。此外，不少地方立法机关在职工民主管理立法方面进行了很多有益的实践，企业职工民主管理的地方性法规的制定出台，为当地开展职工民主管理，实现和维护职工民主管理权利，提供了重要的法律依据。一些地方的立法实践，紧密联系实际，切合现实需求，很多规定具有探索性和开创意义，对于今后国家层面的相关立法，具有非常重要的参考价值。

第三节　工会法律研究工作

工会法律研究工作是指工会组织，特别是工会法律工作部门针对工会依法建会、依法管会、依法履职、依法维权工作开展中遇到的理论和实践问题，进行的调查、分析等研究性质的工作，目的是为解决上述问题提供理论上、实践上、国际的、国内的有效的依据和措施。工会法律研究工作既可以是工会法律工作部门进行的，也可以且应当与立法、行政、司法等机关，与大专院校，与专家学者，与研究机构特别是法学研究机构共同进行研究，博采众长，深入浅出，形成适应中国特色社会主义工会发展道路的特色理论，不断推动工会法律工作水平和成效的提高。

一、工会法律研究工作的重要性

近年来，随着平台经济、共享经济迅猛发展，新就业形态劳动者大量涌现。推进新就业形态劳动者工会工作，是数字经济蓬勃发展、企业组织形式和职工就业方式发生深刻变化带给工会法律工作的崭新课题：分配制度、就业制度和社会保障制度等方面的问题更加突出，劳动关系的市场化、契约化、法治化和复杂化对工会法律工作提出了新要求；现实存在的劳动关系认定难、社会保障欠缺、生存状态较差、组织程度偏低、权利救济困难等问题，简单遵循旧有模式、固有方法行不通。工会法律工作重点和工作领域随之发生新的变化：农民工大量增加，使职工队伍构成发生了新的变化，工会工作的对象已从过去主要以国有、集体企业职工为主，逐步扩大到既包括国有、集体企业职工，又包括非公有制企业职工和新就业形态劳动者；面临产业工人整体收入不高、职业发展通道不畅，农民工就业能力偏弱、融入城市难，劳务派遣工同工不同酬等新问题，增加了工会依法维权工作的难度和复杂性；劳动关系问题引发的争议，特别是群体争议事件以及侵权案件的增多，使工会法律工作任务更加繁重。这些情况无疑会对工会法律工作产生重大影响，也确实对工会法律工作提出了更高的要求。各级工会领导机关和工会法律部门只有不断适应变化了的实际，根据新情况、新任务和新要求，加强工会法律工作理论创新、制度创新，用理论来指导、推动工会法律工作，才能使工会法律工作更好地服务于整个工会工作的大局，更好地促进劳动关系和社会整体和谐。

二、工会法律研究的指导思想

要始终坚持用马克思列宁主义、毛泽东思想、邓小平理论、“三个代表”重要思想、科学发展观、习近平新时代中国特色社会主义思想来指导工会法律理论研究工作，学习贯彻习近平总书记关于工人阶级和工会工作的重要论述，深刻领悟“两个确立”的决定性意义，不断增强“四个意识”、坚定“四个自信”、做到“两个维护”，使理论研究牢牢把握正确的政治方向。坚持解放思想、实事求是、与时俱进，在理论和实践的结合上不断研究工会法律工作面临的新情况、新问题，在思想观念、思维方式和工作方法等方面进行相应调整和转变，使之与习近平新时代中国特色社会主义思想、社会主义市场经济体制和中国特色社会主义工会发展道路相适应，更多关注弱势群体的利益，积极推动和参与中国特色工会维权法律体系的建立和完善工作，为工会工作的进一步发展创造良好的社会环境和法治环境。

三、工会法律研究的主要内容

（一）研究劳动关系问题

要深入研究当前经济结构、职工队伍状况、产业工人队伍建设改革、劳动关系和分配方式发生的变化给工会法律工作提出的新课题，针对职工最关心的劳动就业、工资分配、工时计算、劳务派遣、社会保障和劳动安全卫生等问题开展有针对性的研究，提出相应对策，为工会参与立法提供理论依据。

（二）研究依法建会、依法管会、依法履职、依法维权，推进工会法治化建设问题

要适应新形势发展需要，研究依法建会问题，研究工会特别是非公有制企业工会法律地位保障问题，研究工会法人制度建设问题，研究依法维权机制建设问题，研究工会干部权益保护、工会经费收缴和资产管理问题等。

（三）研究职工民主管理问题

要在创新基层民主实践、探索保障职工民主权利的有效方式和路径等方面下功夫，深刻把握全过程人民民主丰富内涵，推动健全人民当家作主制度体系，研究非公有制经济不断壮大的新形势下职工民主管理理论创新、机制建设等问题，切实保障职工民主权利、主人翁地位落地生根。

（四）研究国际劳工标准和国外劳动法理论问题

充分发挥全国总工会智库、法顾委等作用，加强与相关高校和研究机构的合作。一方面对国内外劳动法领域的研究性成果、实践性成果进行梳理和比较研究；另一方面充分掌握我国劳动领域现实情况及发展趋势，围绕与国际劳工标准对接问题，开展前瞻性研究。通过分析比较，归纳总结出可资学习借鉴的成熟经验和做法，深入开展调研和专题研究，为推动完善我国

劳动法律法规体系做好充分准备。

四、工会法律研究的主要方式

工会法律研究主要应由工会机关和工会院校来承担。工会领导机关应在其理论研究机构中开展工会法律研究。工会法律部门应结合工作实际，开展工会法律研究。工会院校的法学科研工作必须以工会工作的实际问题为中心，总结工会法律工作的新鲜经验，了解工会法律工作中的主要问题，上升到理论，使工会院校作为培训工会干部的主阵地作用和研究工会法律工作理论的基地作用得到有机结合。工会还应当借助社会有关研究团体及专家学者的作用，做好工会法律研究工作，如全国总工会积极参与了中国社会法学研究会的法律研究工作，一些地方总工会积极参与了当地劳动法学会的法律研究工作等，都是很好的实践方式。

思考题：

1. 工会工作的法律依据主要有几大方面？
2. 如何理解“依法建会、依法管会、依法履职、依法维权”？

参考文献

1. 习近平．习近平谈治国理政［M］．北京：外文出版社，2014.

2. 习近平．习近平谈治国理政（第二卷）［M］．北京：外文出版社，2017.

3. 习近平．习近平谈治国理政（第三卷）［M］．北京：外文出版社，2020.

4. 习近平．习近平谈治国理政（第四卷）［M］．北京：外文出版社，2022.

5. 本书编写组．党的十八届四中全会《决定》学习辅导百问［M］．北京：党建读物出版社，学习出版社，2014.

6. 本书编写组．党的二十大报告学习辅导百问［M］．北京：学习出版社，党建读物出版社，2022.

7. 党的二十大文件汇编［M］．北京：党建读物出版社，2022.

8. 中华全国总工会法律工作部，中华人民共和国劳动部政策法规司．《中华人民共和国劳动法》讲话［M］．北京：中国工人出版社，1994.

9. 中华全国总工会法律工作部．全国总工会贯彻《劳动法》三个办法讲话［M］．北京：中国工人出版社，1996.

10. 中华全国总工会法律工作部．劳动争议调解理论与实务［M］．北京：中国工人出版社，1996.

11. 关彬枫，邹震．工会劳动法律监督员手册［M］．北京：企业管理出版社，1997.

12. 阎宝卿，关彬枫等．劳动执法与劳动法律监督全书

[M]. 北京：中国民航出版社，1998.

13. 周万玲. 工会劳动争议处理工作指导[M]. 北京：中国工人出版社，1999.

14. 中华全国总工会法律工作部.《中华人民共和国工会法》讲话[M]. 北京：中国工人出版社，2001.

15. 牛克，刘玉民. 法制宣传学[M]. 北京：人民法院出版社，2003.

16. 最高人民法院研究室，中华全国总工会法律部. 最高人民法院关于工会法司法解释的理解与适用[M]. 北京：法律出版社，2003.

17. 本书编写组. 工会宣传教育工作培训教程[M]. 北京：人民日报出版社，2004.

18. 中华全国总工会.《中华人民共和国劳动合同法》讲话[M]. 北京：中国工人出版社，2007.

19. 中华全国总工会.《中华人民共和国劳动争议调解仲裁法》讲话[M]. 北京：中国工人出版社，2008.

20. 刘继臣，谢良敏. 工会法律援助指南[M]. 北京：中国工人出版社，2010.

21. 林嘉. 劳动法和社会保障法（第二版）[M]. 北京：中国人民大学出版社，2011.

22. 中华全国总工会. 中国特色社会主义工会发展道路学习读本[M]. 北京：中国工人出版社，2012.

23. 中华全国总工会. 职工权益保障法律辅导读本[M]. 北京：中国工人出版社，2016.

24. 中华全国总工会法律工作部.《工会劳动法律监督办法》学习问答[M]. 北京：中国工人出版社，2021.

25. 江南，郭林茂.《中华人民共和国工会法》学习问答[M]. 北京：中国工人出版社，2022.

后　记

《工会法律工作概论》是全国工会干部培训基础教材之一。

本次出版的《工会法律工作概论》是在2006年第一版、2013年第二版、2018年第三版的基础上，由全国总工会法律工作部负责修订。参加修订工作的人员有：张杨（第一章、第六章），杨玉竹（第二章），朱艳丽（第三章），闭柳萍（第四章），谢静（第五章），李阳（第七章），齐铁杰（第八章）。王卉、龚小玲、冯申、王龙、张毅、杨昆、苏晓梅同志参与了本书的修订讨论工作。朱艳丽、李进东、张瑞玲同志负责本书的审稿工作。全书由王君伟同志审阅定稿。

由于编者水平有限，本书难免存在不足和疏漏之处，诚恳地欢迎广大读者批评指正。

编　者

2023年3月